काव्य प्रभा

साझा काव्य संग्रह

संपादिका

सुधा सिंह 'व्याघ्र'

प्राची डिजिटल पब्लिकेशन
मेरठ, उत्तर प्रदेश

Book   : **Kavya Prabha**

Editor   : **Sudha Singh 'Vyaghr'**

Edition   : **1st (August, 2020)**

ISBN   : **978-93-87856-27-1**

© Composition Author

Published by

525, Lal Singh Nagar, Near Jai Devi Nagar
Meerut - 250002, Uttar Pradesh (India)
Website : www.prachidigital.in
E-mail : editor@prachidigital.in
Contact : 9760417980, 9760418103

संपादकीय...

कविताएँ स्वयं को प्रफुल्लित रखने का सर्वश्रेष्ठ माध्यम हैं, जो व्यक्ति के रोम–रोम को स्पर्श करती हैं। कविता को पढ़कर जब व्यक्ति अपने विचारों के सागर में गोते लगाता है तो कहीं न कहीं वह स्वयं की तलाश कर रहा होता है। आज के इस नवयुग में जब भीड़ में होकर भी व्यक्ति स्वयं को एकाकी पाता है तब यही कविताएँ मन में एक नई ऊर्जा और नया जोश उत्पन्न करती हैं। मनुष्य को स्व के करीब लाती हैं। मन में विश्वास जगाती हैं। इस पुस्तक में जीवन का हर वह रंग समाहित है जिसे आपने कभी न कभी अवश्य अनुभूत किया होगा। साहित्य के सभी रसों से पगी 'काव्य प्रभा' एक मित्र की भाँति कभी आपको गुदगुदाएगी तो कभी आपके मन–मस्तिष्क को झकझोरती–सी प्रतीत होगी।

इस पुस्तक में जहाँ एक ओर विशुद्ध हिंदी की रचनाएँ आपके मन में पैठ जमाती लक्षित होंगी, वहीं दूसरी ओर उर्दू के कुछ ख़याल भी अपना जादू बिखेरते नज़र आएँगे। काव्य प्रभा में स्थापित साहित्यकारों के साथ-साथ नवोदित रचनाकार भी आपको अपनी साहित्य सुरभि की मोहक बयार से सहलाएँगे।

इस पुस्तक की संकल्पना करते समय हमारे मस्तिष्क में यह बात प्रारंभ से निरूपित थी कि किसी भी नवांकुर की रचना को हम अस्वीकृत नहीं करेंगे। चूँकि रचना में भावों की प्रमुखता अधिक महत्व रखती है। अतः भावों की गरिमा को अक्षुण्ण रखा जाएगा। व्याकरणिक दृष्टिकोण से यदि किसी रचना में कोई त्रुटि है या उसे किसी संशोधन की आवश्यकता पड़ती है तो उसे संपादन द्वारा दूर किया जाएगा। परंतु 'काव्य प्रभा' के सभी

रचनाकार साहित्य रूपी सागर के उन अनमोल मोतियों की तरह है जिनकी तलाश हर साहित्य प्रेमी को होती है। उम्मीद है इन्हें पढ़कर साहित्य रसिकों की साहित्य पिपासा अवश्य ही शांत होगी।

संपादक के रूप में अपनी पहली पुस्तक 'काव्य प्रभा' आपके समक्ष प्रस्तुत करते हुए मुझे असीम आनंद की अनुभूति हो रही है। अतः मैं, प्राची डिजिटल पब्लिकेशन का हृदयतल की असीम गहराइयों से आभार प्रकट करना चाहती हूँ जिन्होंने इस परियोजना की नींव रखी और सुचारू रूप से इसे आगे बढ़ाया। इस काव्य संग्रह में सम्मिलित सभी रचनाकारों का भी मैं हार्दिक अभिनंदन करना चाहूँगी। जिन्होंने इसमें शामिल होकर इस परियोजना को सफल बनाने में अपना साहित्यिक योगदान दिया है। माँ वीणापाणि सभी रचनाकारों की लेखनी को अपना आशीष दें और उनकी साहित्यिक यात्रा अबाध गति से यूँ ही अनवरत चलती रहे।

मुझे पूर्ण विश्वास है कि यह साझा संग्रह काव्य रसिकों की उम्मीदों पर खरा उतरेगा।

सुधा सिंह 'व्याघ्र'
(संपादिका)

अनुक्रमणिका

काव्य प्रभा साझा काव्य संग्रह में शामिल प्रतिभागियों का परिचय एवं साक्षात्कार ऑनलाइन पढ़ने के लिए विजिट करें–

www.indibooks.in/kavya-prabha/

सुधा सिंह 'व्याघ्र'

पिता का नाम	:	स्व . श्री कामता प्रसाद सिंह
माँ का नाम	:	सीता सिंह
पति का नाम	:	अशोक सिंह
जन्मतिथि	:	8 सितम्बर
शिक्षा	:	एम . ए ., बी . एड .(हिंदी, अर्थशास्त्र)
लेखन की विधा	:	कविता, कहानी, लघुकथा, गीत, नवगीत, हाइकु, दोहे, कुंडलियाँ, कहमुकरियाँ, ड्रामा स्क्रिप्ट लेखन आदि।
प्रकाशित कृतियाँ	:	झरोखा : अनकहे क्षणों का आईना (2020), माँ (2018), सबरंग क्षितिज (2019), मेरी धरती, मेरा गाँव (2020), ये कुंडलियाँ बोलती हैं (2020), काव्य प्रभा (2020) साझा संग्रह।
ई-पुस्तकें	:	पंखुडियां : 24 लेखक 24 कहानियां, काव्य मंजरी :भावपूर्ण काव्यों का अद्भुत संकलन (2020)
प्रकाशनाधीन	:	रिकॉर्ड नंबर : 130 (लघुकथा संग्रह), गीत गूंजते हैं, नया भारत हम बनाएँगे, क्षितिज :उदीयमान साहित्यकार (2020), लम्हें (लघुकथा संग्रह) आदि साझा संग्रह।
ब्लॉग	:	https ://sudhaa1075.blogspot.com
प्राप्त सम्मान	:	नारी शक्ति सागर सम्मान, मधुशाला काव्य गौरव, निज भाषा गौरव सम्मान, मॉम्सप्रेस्सो हिन्दी लेखक सम्मान, साहित्य पीडिया द्वारा प्रशस्ति पत्र, लिटेररी कर्नल की उपाधि व अन्य ।
संप्रति	:	डी वाय पाटिल अंतरराष्ट्रीय विद्यालय में हाई स्कूल शिक्षिका व अक्षय गौरव ई पत्रिका में गद्य खंड की वरिष्ठ सम्पादिका ।
ई-मेल पता	:	sudhaasingh75@gmail.com
मोबाईल	:	8779301164, 8898644634

टूटी जब आशा की डोरी (नवगीत)

टूटी जब आशा की डोरी,
बढ़कर कदम उठाते हाला ।
काली तमस गली को छाने
ढूँढे कोई नया उजाला ।।

जकड़ निराशा के बंधन में
छवि अपनी धूमिल करते हैं ।
कर्मों को भूले बैठे जो,
वे कब ईश्वर से डरते हैं ।।
सूझे उचित और ना अनुचित,
बढ़ती जब आँतों की ज्वाला ।

भ्रम के अंधकूप में भटके,
जाने कैसी ये विपदा है ।
आत्मतुष्टि की गहन पिपासा,
बड़ी तात्क्षणिक ही सुखदा है ।।
शब्दों की गरिमा जाने ना,
व्यवहार हुआ है बेताला ।

लक्ष नहीं अब लक्ष्य रहा है,
कोटि अरब है ध्येय बना ।
नहीं अन्तर अब लघु गुरु का,
हरपल मद में रहे तना ।।
बन बैठा क्यों विद्रोही वह,
कैसा है मन पर जाला ।

हो गया दूर तुझसे (गीत)

हो गया दूर तुझसे, तो रोना नहीं
बाद मेरे तू पलकें, भिगोना नहीं

सर्द रातें हों चाहे, घनी धूप हो
रंग जीवन का कितना भी विद्रूप हो
कली बदरी निराशा की छँट जाएगी
रेख उजियारे की फिर नजर आएगी
मन की आशाओं को कभी खोना नहीं

अंक से तेरी खुशियाँ लिपटती रहें
चाँदनी तेरी राहों में बिछती रहे
आँखों से तेरी अश्रु न छलके कभी
पूरी होगी मेरी कामना हर तभी
चाँद चमकेगा फिर से सलोना वही

सपनों का आशियाना सजाना सजन
माँगता हूँ मैं बस तुझसे इतना वचन
मौसम पतझड़ के एक दिन गुजर जाएँगे
पुष्प आँगन को फिर तेरे महकाएँगे
बीज नफरत के मन में तू बोना नहीं

तेरे आँगन की गौरैया मैं....

माँ, माना कि तेरे आंगन की
गौरैया हूँ मैं...
कभी इस डाल कभी उस डाल,
फुदकती रहती हूँ यहाँ- वहाँ!
विचरती रहती हूँ निर्भयता से,
तेरी दहलीज के आर- पार!
जानती हूँ मैं
तू डरती बहुत है कि
एक दिन मैं उड़ जाऊँगी
तुझसे दूर आसमान में!
अपने नए आशियाने की
तलाश में!
पर तू डर मत माँ
मैं लौट कर आऊँगी तेरे पास!
अब मैं बंधनों में
और न रह पाऊँगी!
समाज की रूढ़ियाँ,
विकृत मानसिकताएँ
मेरे परों को अब
नहीं बाँध पाएँगी माँ.. "
जानती हूँ तुझे भी
बादलों से बतियाने
का मन है माँ
चल आज तुझे भी
अपने साथ नए आकाश में
उड़ना सीखाऊँ मैं....
अब मैं निरीह नहीं माँ,
मैं नए जमाने की बेटी हूँ ।

प्रयाण कर.....

प्रयाण कर प्रयाण कर, तू मत किसी से आज डर।
माँ भारती का पुत्र तू, माँ भारती पर नाज कर ।।
देश का प्यारा तिरंगा, झुकने कभी पाए नहीं।
उत्तुंग शिखर हिमगिरि का, पुकारता प्रयाण कर।।
प्रयाण कर, प्रयाण कर.....
जाति – पाँती भेदभाव, रंग – द्वेष भूल कर।
मनुष्यता की राह में, सद्भाव का प्रसार कर।।
संत मुनियों की धरा ये, त्राहि त्राहि कर रही।
आतंक के आकाओं का, समूल तू विनाश कर।।
प्रयाण कर, प्रयाण कर.....
नापाक इरादों के संग, है शत्रु आगे बढ़ रहा।
चीर कर शत्रु का सीना, देश को निहाल कर।।
ध्वस्त कर शत्रु का दुर्ग, नवराष्ट्र का निर्माण कर।
व्योम पर फहरा तिरंगा, गगन को प्रस्थान कर।।
प्रयाण कर, प्रयाण कर.....
कारवाँ अतिवात का, गुबार संग ला रहा।
है काल यह निशिथ का, आलोक का प्रसार कर।।
मिसाल वीरता की तू, तू लाल, बाल, पाल है।
तेरी कीर्ति धूमिल न हो, तू कुछ नया विधान कर।।
प्रयाण कर, प्रयाण कर.....
प्राचीन बंध तोड़ दे, और लीक से हटकर तू चल।
पुकारती मंजिल खड़ी, तू राष्ट्र का उत्थान कर।।
हर रोज दिवाली मने, चहुँ ओर बिखरे रोशनी।
दीप जगमगा उठे, रावण का मर्दन मान कर।।
प्रयाण कर, प्रयाण कर.....

जिजीविषा

नव रूप, रंग, आस
हरित मखमली गात
नव जिजीविषा के साथ
मैं प्रस्फुटित हूँ आज

नव सूर्य उम्मीदों का
है संग – संग मेरे सदा
लड़ना है हर झंझा से
खानी नहीं मुझे मात

शुचि निर्मल तुहिन तन
मधुरिम परिवेश से निज बंधन
यही ऐषणा हिय की अहो
बढ़ता रहूँ दिन– रात

परमार्थ ही है लक्ष्य
नहीं खिन्न, जो बनूँ भक्ष्य
जीवन मिला सुनहरा
उसे क्यों गवाऊँ तात्

निज धर्म और कर्म से
कर ना सकूँ प्रतिघात
लड़ता रहूँ परिवेश से
सो प्रस्फुटित हूँ आज

मैं मानव हूँ...

मैं मानव हूँ जिन्दगी,
हर कदम तुझसे, समझौता नहीं करूँगा।
शौक है जीने का मुझे, मैं उल्लास से जीऊँगा।

माना कि तू हावी होगी
मुझपर कई – कई बार पर,
मैं मान लूँ पराजय तुझसे
कदाचित् ये नहीं होगा
ज्ञात हो तुझसे हर साँस मैं लड़ूँगा।

सच हैं कि नक्षत्र अभी आपद् में हैं मेरे
पसरे हैं चारों ओर अभी गहन अँधेरे
जब तक न उदित होगा सूरज मेरा
निज दीप प्रतिक्षण स्निग्ध मैं रखूँगा

जो मिलती है तो उत्साह से मिल
तेरे आने का उत्सव मनाऊँगा
रार ठानी जो तूने, रख याद
कि तुझसे रार मैं करूँगा
न रोऊँगा, न प्रलाप करूँगा
रण होगा तुझसे, तुझे आबाद करूँगा।

देवेन्दु 'देव'

जन्म तिथि	:	28 मार्च 1992
जन्म स्थान	:	जमालपुर, मुँगेर, बिहार
पिता	:	केशव मंडल
माता	:	रंजना देवी
शिक्षा	:	वाणिज्य स्नातक
लेखन विधा	:	कविता
गतिविधियां	:	काव्य पाठ, इंटरनेट पर उपलब्ध विभिन्न प्लेटफॉर्म्स पर काव्य प्रतियोगिताओं में भाग लेना।
सम्प्रति	:	विद्युत विभाग, बिहार सरकार में कार्यरत
संपर्क	:	ग्राम रामनगर मोर्चा, पोस्ट– जमालपुर, जिला– मुँगेर, राज्य– बिहार, पिन– 811214 .
फेसबुक पेज	:	www.facebook.com/kavidevendudev/
ई-मेल	:	devdevendu@gmail.com
दूरभाष नंबर	:	9031308430

खुली किताब

झेल जगत की पीड़ा को मैं उन सबका हिसाब हुआ हूँ,
पढ़ रहे हैं लोग रोजाना जब से खुली किताब हुआ हूँ।

कितनों ने बस आवरण देखा, देखा और आगे बढ़ गए,
कितने सीख गए हमसे और नूतन किस्से गढ़ गए,

कोई लेकर हौले से बस अलमारी में डाल दिया,
पढ़कर चाव लिया कितनों ने, हर पन्ने का हाल लिया,

जिनको हुआ नहीं हासिल मैं, उन आँखों का ख्वाब हुआ हूँ
पढ़ रहे हैं लोग रोजाना जब से खुली किताब हुआ हूँ।

नहीं की

मैंने हरदम सच बोला है कभी झूठ पर वाह नहीं की,
हरदम हाथ मदद को रक्खा मुश्किल कोई राह नहीं की।

बस मेरे कामों के कारण दुनिया वाले मुझको चाहें,
इससे ज्यादा कभी भी मैंने दिल से कोई चाह नहीं की।

कुछ कहते हैं मैं अच्छा हूँ और बुरा भी कुछ कहते हैं,
क्या कहते हैं लोग मुझे ये मैंने तो परवाह नहीं की।

मेरे दोस्त भले ही कम हो लेकिन दुश्मन एक नहीं है,
हरदम दोस्त बनाए मैंने किसी से मैंने डाह नहीं की।

'देव' समंदर उतर गया तू पार तेरा क्या लग पाएगा?
तूने सबकुछ किया सही पर गहराई की थाह नहीं की।

याद मेरी क्यों तुम्हें आती नहीं?

क्यों घटाओं ने घटायी कीर्तियाँ,
क्यों किरण की मंद – सी हैं सुर्खियाँ,
क्यों हवा ने रुख किया मद्धिम जरा,
कौन है जो मौन को साधे खड़ा,
दर्द की माथे पर कोई न शिकन,
फिर भी क्यों उद्विग्न लगता मेरा मन,
मेरा तो अब भी वही संसार तुम,
प्रीत अब भी तुमसे मेरा प्यार तुम,
पूर्व की भाँति मगर भाती नहीं,
क्यों तुम्हारी याद मुझे आती नहीं?

मेरे जीवन का तुम्हीं से सार है,
तुम अगर हो पूर्ण ये संसार है,
तुमसे ही तो प्रेम का आधार है,
बिन तुम्हारे जीना भी बेकार है,
प्रेम का तुम भी करो किस्सा बयाँ,
खोल लो अध्याय बिल्कुल ही नया,
मैं तुम्हारे दर खड़ा स्वीकार लो,
प्यार चाहता हूँ अगर तो प्यार दो,
दीप भी है शून्य गर बाती नहीं,
याद मेरी क्यों तुम्हें आती नहीं?

गगरी भरने आओ न

सूखे जीवन को हरियाली से तर करने आओ न,
पनघट सूना है पनिहारिन गगरी भरने आओ न।

फूलों की बगिया को देखो खिले हुए पर गंध नहीं है
झरनों का नदियों से लगता जैसे कुछ संबंध नहीं है,

न हलचल न कलकल का स्वर शिथिल पड़े हैं ताल-तलैया,
नाव किनारे लगाकर जाने कहाँ गया उसका खेवैया,

सड़कें खाली-खाली सी हैं जैसे जेठ दुपहरी हो,
या फिर पूस माह के जैसी ठंड ठिठुरती सहरी हो,

तुम बिन सारा उपवन हमको सूना-सूना लगता है,
किलकारित आंगन का कोई खाली कोना लगता है,

व्यथा हमारी समझो हमको इतना भी तड़पाओ न,
पनघट सूना है पनिहारिन गगरी भरने आओ न।

राह देखूँ मैं तुम्हारी

राह देखूँ मैं तुम्हारी दिल मेरा तुझमें रमा,
चाहता कितना तुम्हें हूँ, क्या बताऊँ प्रियतमा।

प्रेम का अंकुर हृदय में फूटकर पौधा हुआ है,
पहले कुछ ऐसा नहीं था जो हुआ है अब हुआ है,
देखता था ख्वाब जिसके कल्पना में जो परी थी,
जबसे देखा है तुम्हें तो लग रहा है वो तुम्हीं थी,
अब मुझे लगता ये जीवन है अधूरा बिन तुम्हारे,
संग तुम्हारे जिंदगी के ख्वाब देखे मैंने सारे,
साथ मिल जाए अगर हर पल बने फिर खुशनुमा,
चाहता कितना तुम्हें हूँ, क्या बताऊँ प्रियतमा।

मैं तुम्हारे ख्वाब सारे पूरे करना चाहता हूँ,
सारी खुशियाँ दे तुम्हारे गम मिटाना चाहता हूँ,
बंद आँखो से तुम्हारा चाहता दीदार करना,
हद से ज्यादा मैं तुम्हें तो चाहता हूँ प्यार करना,
चाहता हूँ साथ बीते आज भी और कल हमारा,
ये जवानी और बुढ़ापा जीवन का हर पल हमारा,
मैं रहूँ शागिर्द जैसा तुम बनो जो रहनुमा,
चाहता कितना तुम्हें हूँ, क्या बताऊँ प्रियतमा।

यूँ तो...

यूँ तो सबकुछ लूट गया है
पर उसका कुछ छूट गया है
कुछ यादें कुछ बातें उसकी
प्यार भरी सौगातें उसकी
कजरे उसके गजरे उसके
नाज उसी के नखरे उसके
उसका हँसना और रुलाना
बातों – बातों पर गुस्साना
यादों में आना औ' जाना
चैन चुराना, नींद उड़ाना
चला गया पर जान न पाया
क्या तोड़ा क्या टूट गया है
यूँ तो...

अभिलाषा चौहान

जन्मस्थली	: ग्वालियर (म.प्र) और अभी जयपुर (राजस्थान) में निवास करती हूँ। स्वभाव से साहित्य प्रेमी हूँ। हिंदी भाषा और साहित्य की सेवा करना मेरे जीवन का उद्देश्य है।
शिक्षा	: एम.ए, एम.फिल (हिंदी साहित्य)
सम्प्रति	: हिंदी शिक्षण, प्रतियोगी पुस्तकों का लेखन।
लेखन	: पद्य और गद्य में समान रूप से लेखन। छंदमुक्त व छंदबद्ध काव्य विधाओं के साथ हाइकु, सेदोका, ताँका आदि विधाओं में लेखन। इसके अलावा कहानी, लघुकथा और आलेख आदि गद्य विधाओं में भी लेखन।
प्रकाशित पुस्तकें	: 'ये कुण्डलियाँ बोलती हैं (साझा संग्रह), श्रमिक की व्यथा (साझा संग्रह), माँ (साझा संग्रह) साहित्य पीडिया से प्रकाशित।
प्रकाशनाधीन	: गीत गूँजते हैं, हाइकु शतक संग्रह, नवगीत संग्रह।
सम्मान	: कुण्डलियाँ शतक वीर सम्मान, दोहा विशारद सम्मान (अर्णव कलश ऐसोसियेशन, कलम की सुगंध से), टॉप टेन ब्लॉगर सम्मान, जन कवि सम्मान (आई ब्लॉगर व द साहित्य से) इसके अलावा साहित्यिक समूहों में प्रतिभागिता से कई सम्मान पत्र मिले हैं।
अन्य	: वर्तमान अंकुर, विजय दर्पण, अमर-उजाला जैसे पत्र-पत्रिकाओं में रचनाएँ प्रकाशित। स्टोरीमिरर, हिंदी प्रतिलिपि पर रचनाएँ प्रकाशित एवं पुरस्कृत।
पता	: 178, आयकर नगर-2 न्यू सांगानेर रोड़, मानसरोवर जयपुर राजस्थान।
ब्लॉग	: https://experienceofindianlife.blogspot.com

मैं की तलाश

तलाश स्व की अंतहीन
स्वयं में, मैं को खोजते
कब सरक जाती है
जिंदगी हाथ से ..
अहम और मैं अंतर हैं सूक्ष्म
अहम में सर्वोपरि
सत्ता स्वयं की .. ।
जबकि, मैं
जानना, उस अनादि सत्य को ।
मैं, से साक्षात्
उस अनंत से तादात्म्य
जिसमें समाहित
अखिल ब्रह्माण्ड मैं, तुम और सब ।
मैं और बस मैं, जनक है अहम का
जबकि जैसा मैं वैसे सब
जनक है समत्व का ।
मैं, आखिर है
अनादि, अनंत, अखंड, सर्वव्यापी ।
मैं की पहचान है
स्वयं से पहचान
जीवन–उद्देश्य से साक्षात्
तुच्छ मनोवृति का त्याग ।
दरअसल मैं, को पकड़ना है
भ्रमजाल,
सिर्फ मैं अहंकार का जनक
यह, मैं जो कभी नही
बन सकता, किसी का
स्वयं का भी ।

कल, आज और कल

तीक्ष्ण वाणी के प्रहार,
झेलता वह मासूम।
सुबकता, सिसकता, आंसू पोंछता।
खोजता अपने अपराध,
शनै-शनै मरता बचपन!
आक्रोश का ज्वालामुखी,
उसके अंदर लेता आकार।
शरीर पर चोटों की मार,
बनाती उसे पत्थर!
पनपता एक विष-वृक्ष
जलती प्रतिशोध की ज्वाला!
पी जाती उसकी मासूमियत।
वक्त से पहले ही होता बड़ा,
समझता शत्रु समाज को,
चल पड़ता पाप की राह।
कहलाता अपराधी!
यही तो होता है, अक्सर
मासूमों के साथ,
नहीं होती जिनकी माँ !
होता जिनका अपहरण,
वे बेरहम वक्त की चोट से,
बन जाते पाषाण!
समाज से लेते प्रतिकार
बस करते जाते वार!
बिना सोचे बिना समझे,
अंदर की आग!
जलाती उन्हें पल-पल, जिसमें
जल जाता, कल आज और कल!!

सुरमई साँझ

वो ढलती हुई सुरमई शाम में
तुम्हारी पहली झलक
जैसे उतर आया हो
कोई चाँद जमीं पर
बिखर गई सर्वत्र
तुम्हारे रूप की चाँदनी
देखते रह गए हम
अपलक जमीं के
चाँद को
तुम्हारा यूँ अचानक आना
आकर चले जाना
कर गया मदहोश हमें
वो तुम्हारी समंदर
सी गहरी आँखों में
डूबते उतराते
सरकने लगी जिंदगी
ज्यों ढल रही हो रात
जीवन की
इसी इंतजार में
कि कभी कहीं किसी
मोड़ पर तुम्हारा दीदार होगा
आँखें चार होगी
तुमको हमसे प्यार होगा
मेरा सपना तब कहीं
साकार होगा ।

मैं हूँ आम आदमी

मैं आम आदमी हूँ।
नहीं मेरी कोई पहचान
आम समझकर
करते मुझे अनदेखा
पर मैं सब देखता हूँ
क्योंकि खास लोग
मेरे बगैर नहीं बन सकते खास
उन्हें सदा मुझसे है आस
नहीं मेरे पास कुछ भी
मैं हूँ आम आदमी
मुझे कमजोर न समझना
न हो मेरी पहचान
पर सामर्थ्य है मुझमें
सत्ता परिवर्तित करने की
आता हूँ जब अपनी पर
बन जाता हूँ खास
और तुम हो जाते हो आम
इतिहास साक्षी है इसका
मैं जब जागा
हुई क्रांतियाँ अनेक
पल में बदल गया इतिहास
बस मैं परखता हूँ
सब ओर निरखता हूँ
अति सर्वत्र वर्जयेत पर
अमल करता हूँ
मैं गिरगिट नहीं रंग बदलूँ
क्योंकि मैं आम आदमी हूँ।

बेरहम हवाएँ

हवाएँ अब बदल गई हैं
शीतलता भी
कहीं गुम हो गई
अब ये हवाएँ जलाती बहुत हैं
नमी आंसुओं की
इनमें अब नहीं हैं
पैगाम
किसी का लाती नहीं है
बदल दिया है इन हवाओं ने
इंसानी फितरत को
अब ये मरहम दिल पे लगाती नहीं है
देती हैं बेरहमी से घाव
अफवाहें ये फैलाती बहुत हैं
खंजर –सी चुभती
हवाएँ आज कल की
सुकूं दिल को ये पहुँचाती नहीं हैं
उड़ा देती हैं पल में सजे आशियाने
रहम बेरहम खाती नहीं है
खामोशी इनकी खटकती बहुत है
दिल को ये धड़काती बहुत हैं।

आओ बैठो पास प्रिये

जीवन-संध्या के इस क्षण में,
आओ बैठो पास प्रिये।
हर पल को अब जी भर जीना,
सुन लो हिय की बात प्रिये।

पग में बेड़ी कर्तव्यों की,
मृगतृष्णा से बँधे रहे।
माया में बस उलझे-उलझे,
मकड़जाल में फँसे रहे।
जीवनसाथी हम जन्मों के,
समझे कब यह बात प्रिये।

इक गाड़ी के पहियों जैसे
साथ हमारा है न्यारा।
हम-तुम बगिया सींच रहे थे,
रुकी नहीं जीवन धारा।
दे दो अपना काँधा मुझको,
तेरा हो आभास प्रिये।

अवगुंठन कर लो तुम मेरा,
झोली में अब हों खुशियाँ।
तेरा साथ मुझे मिल जाए,
खिल जाएँ फिर से कलियाँ।
बनें सहारा इक-दूजे का,
सपने हो साकार प्रिये।

मीना शर्मा

शैक्षणिक योग्यता : मुंबई विश्वविद्यालय से हिंदी में एम. ए., बी. एड.।

कार्य : उच्च माध्यमिक विद्यालय तथा जूनियर कॉलेज में पिछले तेईस वर्षों से हिंदी व मराठी विषयों का अध्यापन जारी है।

प्रकाशन : "अब ना रुकूँगी" नाम से एक कविता संग्रह वर्ष 2018 में प्रकाशित।

लेखन : अभिव्यक्ति का प्रिय माध्यम लेखन, बहुत समय तक डायरियों में ही बंद रहा। कुछ कविताएँ स्थानीय समाचार पत्रों में प्रकाशित हुई हैं। पिछले चार वर्षों से अपने निजी ब्लॉग "चिड़िया" पर लिखना जारी है। कहानी, संस्मरण, लेख, लघुकथा, कविता आदि विविध विधाओं में लिखती रही हूँ। कविता की शब्द लहरियाँ मेरे मन को अधिक गहराई से स्पर्श करती हैं।

ई-मेल : snavalkishore0@gmail.com

ब्लॉग : https://chidiyya.blogspot.in

अपने-अपने दर्द

अपने-अपने दर्द सभी को खुद ही सहने पड़ते हैं
दर्द छुपाने, मनगढ़ंत कुछ किस्से कहने पड़ते हैं।
किसको फुर्सत, कौन यहाँ तेरे गम का साझी होगा ?
पार वही उतरेगा जो खुद ही अपना माझी होगा।
उलझे रिश्तों के धागे पल-पल सुलझाने पड़ते हैं
बुझे चेतना के अंगारे फिर सुलगाने पड़ते हैं ।।

शाम ढले सागर में नैया किसे खोजने जाती है,
बियावान में दर्दभरी धुन किसके गीत सुनाती है ?
अट्टहास करता है कोई दीवाना मयखाने में,
मध्य निशा में गा उठता है, इक पागल वीराने में,
बंदी अहसासों के सपने कौन चुरा ले जाता है ?
शब्दों के शिल्पी चोरी से किसकी मूरत गढ़ते हैं ?

जिन आँखों को मस्ती के सागर छलकाते देखा हो,
जिन ओठों को बस तुमने हँसते गाते ही देखा हो,
एक बार उन ओठों के कंपन में छुपा रूदन देखो
और कभी उन आँखों में मेघों से भरा गगन देखो।
खामोशी के परदे में जब जख्म छुपाने पड़ते हैं
तब ही मन बहलाने को, ये गीत बनाने पड़ते हैं ।।

मंजिल नहीं यह बावरे !

चल, दूर कहीं चल मन मेरे
मंजिल नहीं यह बावरे !!!

पाँव डगमग हो रहे औ'
नयन छल्-छल् हो रहे,
मीत बनकर जो मिले थे
वह भरोसा खो रहे।
प्रेम की बूँदों का प्यासा
बन ना चातक बावरे !!!

पथ अंधेरा गर मिले तो
आस के दीपक जला ले,
राह में काँटें अगर हों
पाँव को अपने बचा ले !
तू अकेला ही प्रवासी
कोई न तेरे साथ रे !!!

याद आएँ जो तुझे, कूचे
कभी इस शहर के
आँसुओं को मत बहाना
घूँट पीना जहर के ।
वेदना मत भूलना यह
भरने न देना घाव रे !!!

मीरा बावरी !

सुन कान्हा की मधुर मुरलिया,
खो गई मीरा बावरी !
उस छलिया के प्रेम में पड़कर,
हो गई मीरा बावरी !
सुन कान्हा की मधुर मुरलिया,
खो गई मीरा बावरी !

नटवर नागर के दर्शन की
लगन लगी जब नैनों को,
गोविंद को पाने की धुन में
जागी मीरा रैनों को !
'सूली ऊपर सेज पिया की'
कह गई मीरा बावरी !

विषधर बन गया हार पुष्प का,
विष भी हो गया मधुर सुधा !
हाथ तंबोरा, पाँव में घुँघरू
मीरा हो गई कृष्ण-कथा !
साज-सिंगार त्यागकर जोगन
बन गई मीरा बावरी !

मीरा श्याम, श्याम ही मीरा
अलग-अलग दुनिया जाने !
प्रीत तो अपनी रीत चलाए
जग की रीत कहाँ माने !
भक्ति-सिंधु में, प्रेम-सरित का
संगम है मीरा बावरी !

प्रभातकाल

ज्योतिपुंज वह भव्य भास्कर
रश्मिकोष को लुटा रहा,
काट तेज की तलवारों से
तमस, कुहासा हटा रहा !
अनगिन नक्षत्रों पर भारी
एक अकेला ही रविराज,
लज्जित हो निशिकांत छिप गया
बजने लगे विजय के साज !
पुलक – पुलककर भानुप्रिया ने
किए निछावर मुक्ताथाल,
आँचल में समेटकर मोती
दूर्वा – तृणदल हुए निहाल !
स्वर्णजटित पट पहन सजे
मेघों ने बढ़कर की जुहार,
विरुदावली सुनाते पंछी
पवन बजाती मधुर सितार !
पुष्प बिछाकर सतरंगी, तब
हरे मखमली कालीनों पर,
कनक मुकुट धारण कर तरुवर
स्वागत हेतु हुए तत्पर !
अब पहन राजसी वेष चला
साम्राज्य निरीक्षण को सत्वर,
कर्मोद्यत करने सृष्टि को
स्वयं कर्मरत हुआ दिवाकर !

तल्खियाँ

ज़िंदगी की तल्खियाँ, कुछ यूँ छुपाई दोस्तों
दर्द की स्याही से लिख, गीतों में गाई दोस्तों !

डूबना था कागजों की कश्तियों को एक दिन
वक्त से पहले किसी ने, क्यों डुबाई दोस्तों !

कह गया कुछ राज की बातें, मेरा नादान दिल
अब लगे, उस अजनबी को क्यों सुनाई दोस्तों !

कुछ तड़प,कुछ बेखयाली और कुछ गफलत मेरी,
उफ ! मोहब्बत नाम की, आफत बुलाई दोस्तों !

अपनी साँसों का गला, घोंटा किए हर एक पल
दिल लगाने की सज़ा, इस तरह पाई दोस्तों !

यूँ लबों को मुस्कुराने की, ये आदत डाल दी
बहती आँखें, क्यों किसी को दें दिखाई दोस्तों !

स्वप्न-गीत

कभी कभी एक गीत
मेरे ख्वाबों में आता है
बिखेर देता है गुलाबों की खुशबू,
मन के हर कोने में !
बाँसुरी की मीठी तान सा
कानों में शहद घोल जाता है !

छा जाता है बादलों की तरह
उदास नयनों पर !
फिर पता ही नहीं चलता,
नयन बरस रहे हैं या बादल
भीगा मन सिहरता है,
गीत हँस देता है, झाँककर मेरी आँखों में !

समेट लेता है मुझे अपनी
हथेलियों में बड़ी नज़ाकत से,
जैसे चिड़िया छुपा लेती है
परों में अपने बच्चे को !
रख लेता है मुझे दिल के करीब
एक नर्म अहसास की तरह !

चाँद की मद्धिम रोशनी में
जादू के पंख लगाए,
किसी फरिश्ते की तरह
गीत उतरता है आसमां से
और थामकर हाथ मेरा
साथ चलने को मजबूर कर देता है !!!

राजीव कुमार झा

जन्म	: 31 जुलाई 1983 को बिहार के पूर्वी चंपारण जिले के सोरपनिया गाँव में जन्म।
सम्प्रति	: मोतिहारी में बिहार सरकार के अधीन मुजीब बालिका उच्चतर माध्यमिक विद्यालय में भाषा के शिक्षक के रूप में सेवारत।
गतिविधियाँ	: आर्थिक तंगी का दंश झेलते बच्चों की नि:शुल्क शिक्षा के लिए एक कार्यक्रम "मिशन मुजीब" का संचालन। जिसके अन्तर्गत सरकारी विद्यालयों में अध्ययनरत आर्थिक तौर पर पिछड़े हुए बच्चे नि:शुल्क पढ़ सकते हैं। बिहार बोर्ड के बच्चों के लिए उनका एक यू ट्यूब चैनल भी है – "पढ़े बिहार बढ़े बिहार"।
अन्य	: शिक्षक की सेवा से पहले एक पत्रकार के तौर पर हिंदुस्तान, प्रभात खबर, सर्वोदय, जागृति टाइम्स (सभी हिन्दी दैनिक), बिहारी खबर, गाँव कनेकशन, कुबेर टाइम्स, कामता टुडे, नॉर्थ इंडिया टाइम्स (सभी साप्ताहिक), द लाइट ऑफ बिहार, सेवेन डेज (मासिक) आदि पत्र पत्रिकाओं में अपनी लेखनी चलायी।
साहित्य प्रेम	: हमेशा से साहित्य से गहरा जुड़ाव रहा है। अपनी भावनाओं, अपने अनुभव, अपने विचारों, अपनी सोच को शब्दों में, छंदों में, कहानियों में पिरोते रहे हैं, जो अब भी जारी है।
प्रकाशन	: आर्यावर्त, हिंदुस्तान, प्रभात खबर, बिहारी खबर जैसी कई पत्र-पत्रिकाओं में कविताएं और कहानियाँ प्रकाशित।
प्रकाशित कृतियाँ	: बंद पन्ने (काव्य संग्रह), जीरो नंबर (कहानी संग्रह)
शीघ्र प्रकाशित	: #क्या लिखूँ मैं (काव्य संग्रह), #दी राइटर्स, #डिबिया, #खाकी, #मेरी पत्रकारिता।

छलक़ती नदियाँ

कल रात सपने में
नदियां आयी थीं
कई सारी
एक साथ।

कहा भी कुछ नहीं
बस छलकती रहीं
इस बार
कुछ ज़्यादा हीं।

रोती रहीं गंगा, रावी और झेलम
यमुना, गंडक, महानदी
कोसी, सोन, पुनपुन
और सदमे में था ब्रह्मपुत्र।

मैं बेसुध पड़ा था
नि:शब्द, स्तब्ध
इन्सानों का प्रतिनिधि
बन गया था मैं बरबस।

क्या नदियाँ खफ़ा हैं
हम इन्सानों से.....
क्या हमने कर लिया है
उनके सपनों का अतिक्रमण !

क्या नाप ली हैं
हमने उनकी सीमाएँ
अपनी स्वार्थ सिद्धि को

आँखें मूँद बेधड़क।
क्या ख़त्म कर रहे हैं
हम उनका अस्तित्व
और अपने बनाए नक्शे में
कर दिया है उनको गौण।

कल रात सपने में
नदियाँ आयी थीं
और थमायी थी उन्होंने
अपनी हस्तलिखित एक अर्जी।

और लगायी थी गुहार
कि बचाया जाये
दम तोड़ती अनगिनत
नदियों का वजूद।

फिर अचानक खुल गई थी
मेरी नींद
मेरे घर के ठीक पीछे से
आयी थी ज़ोर की आवाज़।

नगर पालिका की कई गाड़ियाँ
जो पीले रंगों से रंगी थीं
काले कचरे भर कर
गंगा नदी में उड़ेलने पहुंची थीं।

वतन की तरफ़ देख

जीने की तरफ़ देख
न मरने की तरफ़ देख
माँ भारती पुकारे तो
वतन की तरफ़ देख ।

तू शाने बगावत का
अलम लेके अब निकल
सदाक़त के लिए हाथ में
तलवार ले निकल ।

पूरब की तरफ़ देख
न पश्चिम की तरफ़ देख
आह्वान जब भी हो तो
वतन की तरफ़ देख ।

कर बुलबुलें क़ुर्बान तू
चमन के वास्ते
मत ग़ैर का मोहताज़ बन
कफ़न के वास्ते ।

हिन्दू की तरफ़ देख
न मुस्लिम की तरफ़ देख
भारत का बन सपूत तू
वतन की तरफ़ देख ।

हिन्दू हो गर तो क़स्द
काबे की किया करो
मुस्लिम हो अगर सज्दे

सरजमीं किया करो।

काबा की तरफ़ देख
न काशी की तरफ़ देख
जब तक दम में दम है तू
वतन की तरफ़ देख।

कफ़स में करके तुझको
कोई धमकियाँ न दे
यह मुल्क तुम्हारा है
कोई तल्खियाँ न दे।

अपनों की तरफ़ देख
न गैरों की तरफ़
माँ भारती पुकारे तो
वतन की तरफ़ देख।

मुझे क्या मिला!

मिला मुझे तो क्या मिला
सबसे ही गिला मिला
ज़ख्म –ए –उम्मीद
हरा वह कर गया
और गनीमत देखिये
फिर वहीं दिल ज़दा मिला
हम तो मजबूर थे
दर पर उसके
आते न तो
जाते कहाँ
ज़ख्म जिसके दर
पर खायी थी
दवा पाते वहाँ
न तो पाते कहाँ
रंजिश मिली
शिकवा मिला
क्या कहूँ
क्या–क्या मिला
हो सज़ा तो भी मंजूर है
है क्रज़ा तो यह ऐलान हो
तोहमत मिली तन्हाई भी
ऊपर से रुसवाई भी
मिला मुझे तो क्या मिला
सबसे ही गिला मिला।

जीने का सलीका

कुछ हारें भी
सीखा जाती हैं
जीने का सलीका
मक़सद जिंदगी का
बस जीतना नहीं होता

जीवन में लगी
ठोकरें भी
काम आती हैं
खोल देती हैं आँखें
होश-ओ-हवास लाती हैं

कुछ ज़ख्म भी
सीखा जाते हैं
जीने का सलीका
मक़सद जिंदगी का बस
सुख भोगना नहीं होता

छूटना साथ
अपनों का
मुश्किलों के वक़्त
बुरा लगता है
लेकिन काम आता है

कुछ तन्हाइयाँ भी
सीखा जाती हैं
जीने का सलीका
मक़सद जिंदगी का बस
रिश्तों को टोहना नहीं होता

अभिषेक कुमार 'अभ्यागत'

जन्म तिथि	:	31 मार्च 1984
जन्म स्थान	:	डेहरी-ऑन-सोन, रोहतास, (बिहार)
पिता	:	अवधेश कुमार
माता	:	स्मृति शेष कलावती देवी
शिक्षा	:	कला स्नातकोत्तर, बी.एड्
साझा कृतियाँ	:	काव्य रंग, काव्य कुसुम, कोरोना काल में दलित कविता (प्रकाशनाधीन)
प्रकाशित कृतियाँ	:	काव्य कुसुमाकर (संयुक्त काव्य संग्रह), किसके सहारे (हिन्दी नाट्य संकलन)
लेखन विधा	:	कहानी, नाटक, निबंध, कविता एवं समीक्षा
रचना क्रम	:	विविध पत्र-पत्रिकाओं तथा वेब पत्र-पत्रिकाओं में रचनाएँ प्रकाशित
गतिविधियाँ	:	लेखन एवं कवि गोष्ठियों में कविता पाठ
सम्प्रति	:	अध्यापन सेवारत एवं स्वतंत्र लेखन
सम्पर्क	:	न्यू एरिया (काली मंदिर गली), वार्ड सं-16, गली सं-04, थाना-डेहरी, पोस्ट-डालमियानगर, जिला-रोहतास, पिनकोड -821305 (बिहार)
ई-मेल	:	dearmaa4u@gmail.com
दूरभाष नंबर	:	9708810134, 8409636923

ले चलो नदी

ले चलो नदी!
मुझे अपनी धारा में
बहाकर उस सभ्यता की ओर
उस बस्ती में
जहाँ आदमी अपनी सामाजिकता
नैतिक सिद्धांत तथा आदर्श को
बोझ समझकर ढोता ना हो
स्वार्थ की अग्नि
जहाँ निर्वैयक्तिकता को
जलाती ना हो
कहो नदी!
मुझे ले चलोगी
उस बस्ती में
मैं थक गया हूँ
इस बस्ती के लोगों से
उनके झूठ के
इस दिखावे से
हे नदी!
क्या तुम मुझे अपनी
इस कृपा का पात्र बनाओगी ।

सुनो सीता!

सुनो सीता!
माना कि तुम रामायण में
श्री राम की नायिका थी
पर, एक नायिका और भी थी
जिसे तुम्हारी कुटिल माया
और, श्री राम का पत्नी प्रेम ने
उस कान्ता नायिका को कभी भी
नेपथ्य से पर्दे पर
आने का अवसर नहीं दिया
वह जब भी आना चाही
किसी-ना-किसी शर्त में फाँस
उसे लोगों के सामने आने से
रोकने की हर संभव कोशिश की गई
तुम्हें शायद भय था
कहीं मेरी प्रसिद्धि न छीन ले
कहीं मेरी लोकप्रियता के
दो हिस्से न कर दे
इसलिए, तो तुम पूरी रामायण
आँसू बहा लोगों की संवेदना-कोष
अपने पर खर्च करवाती रही
क्योंकि, आँसू किसी की संवेदना को
अधिग्रहित करने का
सबसे अच्छा मार्ग है
शायद यही वजह रही होगी
कि तुमने, उसे न रोने का संकल्प
बड़ी ही चातुर्य के साथ
उसके प्रियतम से दिलवा दी होगी ।

सृष्टि

देख रही हो सृष्टि!
कैसे यह दीर्घ पेड़
अर्रा कर जमीन पर
गिरा पड़ा है
ठीक ऐसे ही एक दिन
हम मानव भी
अर्रा कर गिर जाएँगे
साँसें टूट कर
छींटक जाएँगी हाथों से
जो कुछ भी है मुट्ठी में आज
वह सब मिट्टी हो जाएँगी
बची रह जाओगी केवल तुम
फिर से, शिथिल जीवन को
देने को नूतन गति
तुम कल भी थी
तुम आज भी हो
और न जाने तुम
कितने सालों से
इसी तरह हमारे शिथिल जीवन को
हजार-हजार बार गति देने को
कटिबद्ध जीते आ रही हो ।

भूखे आदमी की नींद में

एक भूखे आदमी की नींद में
सहसा एक श्वेत घोड़ा
दौड़ने लग जाता है
और, वह दौड़ते-दौड़ते
एक किसान के खेत में
अचानक से घुस जाता है
हरे-भरे खेत और
लहलहाते बालियों की गंध
उसके खुरों से उड़ कर
उस आदमी की नींद तक
धीरे-धीरे पहुँचती है
और, आदमी नींद में कुलबुलाने लगता है
गेहूँ की गंध
बाजरे की गंध
मक्के की गंध
सरसों, अरहर, चना, चौराई आदि
और, ना जाने ऐसे कितने
गंध की मिठास
वह खींचने लग जाता है अपने भीतर
जैसे खाने के उपरांत
कोई प्लेट में रखी गर्म चाय
खींचता है अपने भीतर ।

शहर में रात

इस शहर में रात
अक्सर देर से होती है
देर से लोग खाना खाते हैं
और, देर से निकल पड़ते हैं
सड़कों पर दुधिया रोशनी के बीच
खम्भों पर लटकती
सन्नाटे को धुएँ में उड़ाते
सिगरेट की आग को झारते हुए
एक लम्बी बहस की दिशा में
विषय कुछ भी हो सकता है
जब तक हाथों में सिगरेट है
बहस जारी रहती है
घरों की बत्ती बुझा दी जाती है
और, गली की आखिरी छोर पर
खड़ा नगरपालिका का
भकभकाता एकमात्र ट्यूब लाइट
जलता रहता है रात भर अकेले में
जब तक शहर में रात
नहीं हो जाती
रात होते ही वह भी
भकभकाना बंद कर देता है
और शुरू हो जाता है रात भर
कुत्ते का भौंकना
झिंगुर की कीर-कीर
बहादुर की लाठी की ठक-ठक ।

उदासी

जब तक यह उदासी
छाई रहेगी
छाया रहेगा एक अँधेरा
आकंठमग्न में डूबा
कीरी बनकर खाता रहेगा
भीतर का अन्न–जल भंडार
और, न हीं फेंकने देगा
आशा की पचकियाँ ही
जरा सोचो पथिक
फिर, कुटज कौन खिलाएगा
फिर, कैसे उचाट ख़ालीपन में
उतरेगा वसंत
तुमने देखकर भी
नहीं देखा है कभी
उसर भूमि पर
शैवालों का पनपना
या, पृथ्वी के गुरुत्वाकर्षण
के विपरीत, कब देखा है
नदी का बहना
निकलो पथिक इन लोककथाओं से
यह लोककथा की उदासी है
इसे लोककथाओं में ही रहने दो
मत सजाओ तुम इसे
अपने मन की दीवारों पर ।

अनुरोध कुमार श्रीवास्तव

पिता	:	श्री अष्टभुजा प्रसाद श्रीवास्तव
माता	:	स्व.श्रीमती सावित्री श्रीवास्तव
पत्नी का नाम	:	श्रीमती कुमुद श्रीवास्तव
जन्मतिथि	:	05/05/1978
शिक्षा	:	स्नातक

जन्मस्थान : महर्षि वशिष्ठ और हिन्दी साहित्य के महान समालोचक तथा निबन्धकार आचार्य रामचंद्र शुक्ल की पावन भूमि जनपद- बस्ती, उत्तर प्रदेश का निवासी।

लेखन शैली : प्रकृति के सुन्दर दृश्यों को आत्मसात कर अपनें कविता द्वारा पाठक के समक्ष प्रकृति का चित्रण करना मूल काव्य शैली। 'प्रकृति के सुन्दरम् का कवि' कहलाना पसन्द है ।

प्रकाशित कृतियाँ : एक काव्य संग्रह प्रकाशित।

गतिविधियाँ : विभिन्न सोशल मीडिया मंचों, स्वयं के फेसबुक पेज एवं 'द साहित्य' पर सक्रिय रूप से सतत लेखन। मूल विधा छन्दमुक्त कविता। कविता के अतिरिक्त लेख लेखन में रुचि।

सम्मान : प्रतिलिपि एवं स्टोरीमिरर जैसे प्रतिष्ठित साहित्यिक मंचो पर सम्मान प्राप्त।

सम्प्रति : ग्राम्य विकास विभाग में कार्यरत ।

सम्पर्क : anurodh9839668367@gmail.com

पता : निकट टोल प्लाजा, वाइब्रेन्ट स्कूल के पास मडवानगर, बस्ती जनपद – बस्ती, पिन – 272002, उत्तर प्रदेश।

जिन्दगी बड़ी होनी चाहिए

सूर्य चन्द्र अनादि हैं
समय चक्र अनादि है
करोड़ों वर्षों से चल रहा है
पृथ्वी पर जीवन चक्र
कितने आये और
चले गये
लेकिन सोचो
कितनों ने खींची है
लकीर
समय की शिला पर
यही दिन-रात
यही चौबीस घन्टे
तो सबको मिलते हैं
लेकिन युगों तक अमर हैं वही
जिन्होंने खींच दी
समय की शिला पर लकीर
समय की यात्रा में
बह जाते हैं सबकुछ
बस रह जाते हैं सद्कर्म और
सुकीर्ति
धैर्य से सुनो मेरी बात !
जिन्दगी लम्बी हो या न हो
लेकिन
जिन्दगी बड़ी होनी चाहिए ।

लगा लॉकडाउन था

भाभीजी हैं सोचती
किससे मारें गप्प
गलियाँ सडकें सूनी हैं
हुआ बाजार है ठप्प
लगा लॉकडाउन था ।
सुर्ती और गुटखा वाले
खूब हुए परेशान
रहे गरियाय सरकार को
बन्द पान दुकान
लगा लॉकडाउन था ।
दारु वाले धन्य हैं
दिया राजस्व में सहयोग
खुली दुकान मदिरा की
अजब दैव संयोग
लगा लॉकडाउन था ।
बाइक से हैं जा रहे
न हेलमेट न मास्क
कान पकड़कर उठो-बैठो
दिया पुलिस ने टास्क
लगा लॉकडाउन था ।
मुम्बई से चली थी
जाना था गोरखपुर
करतब देखिये रेलवे का
राउरकेला पहुँचे मजदूर
लगा लॉकडाउन था ।

मत जाना परदेश

गली छोड़कर गाँव छोडकर
और छोड़कर देश
चन्द रूपयों की खातिर
जाना पड़ा परदेश ।

खेत छूट गया, पनघट छूटे
छूटे संगी सब स्वदेशी
वो भी कहते हैं अब तो
तुम तो ठहरे परदेशी ।

अपनी गली अपनी होती है
पशुओं को भी रहता प्यार
सोचो होती क्या मजबूरी
घर कोई क्यों छोड़े यार ।

मैया छूटी बाबू छूटे
छूटा भाई बहन का प्यार
छूटी मुंडेर पे बैठी चिड़िया
सावन में निमिया की डार ।

गैर की धरती और गगन को
श्रम से करता मैं आबाद
अपना नहीं यहाँ कोई है
काम निकल जाने के बाद ।

आँखें

नरगिस हैं आँखें, सागर हैं आँखें
गम में आँसूं का गागर हैं आँखें
दिलों को मिलाती, दिलों में समाती
खुशी में भी बनती बादल हैं आँखें ।।
जेठ की तपिश में, झील हैं आँखें
सागर –सी गहरी, रंग नील, ये आँखें
सावन के महीनें में, ग़ज़ल हैं आँखें
गर गेसू घटा हैं, तो चपल हैं आँखें ।।
लगती तो तेरी, ग़ज़ल हैं आँखें
झील की नीली कंवल हैं आँखें
अदाओं का रंग है आँखों का काज़ल
रूप के नगर की चिलमन हैं आँखें ।।
प्रेम में होती चार हैं आँखें
विरह में आँसू की धार हैं आँखें
क्रोध में बनती ज्वाला जो आँखें
तो दुःख में भावना का ज्वार हैं आँखें ।।
चोरों की होती हजार हैं आँखें
अन्धे की खातिर संसार हैं आँखें
मंथरा –सी यदि कहीं कुटिल हैं आँखें
तो माता की ममता का प्यार भी आँखें ।।
सुन्दर तेरी जादूगर हैं आँखें
हृदय में उतरने की डगर हैं आँखें
डाला जो तूने आँखों में काजल
कमल में फँसी बस भ्रमर हैं आँखें ।।

नोट– ग़ज़ल का अर्थ हिरन / मृगनयनी

बज़्म-ए-महफिल

बज़्म-ए-महफिल खामोश क्यूँ है

हर शख़्श यहाँ मदहोश क्यूँ है

हम भी हैं महफिल में दीवानावार

तेरी खूबसूरती का असर है,या जलवों का ।

बज़्म-ए-महफिल की आरजू है तू

हर नजर की.......जुस्तजू है तू

लगा लो काजल का टीका

क्योंकि हर नजर की नजर में है तू ।

तुझे मुझ पर इताब बहुत है

न तुझसे खूब माहताब बहुत है

जिगर में तेरी खलिश है लेकिन

तुझे मुझसे हिजाब बहुत है ।।

चाँद के साथ महफिल सजी आज है

साकी बहुत दिलनशीं आज है

नशा मय का है या उनकी संगत का

बेखुदी में लडखड़ाते कदम आज हैं

बज़्म में आये खिलके सुमन की तरह

तेरी आँखें हैं चंचल हिरन की तरह

कण्ठ कोकिल -सा पाया हृदय खिल गया

बज़्म-ए-महफिल में मानों कमल खिल गया ।

बज़्म में खुल के आना ग़ज़ब ढा गया

आपका मुस्कुराना ग़ज़ब ढा गया

मैनें देखा खिला शाख पर एक गुल

उनका पलकें झुकाना ग़ज़ब ढा गया ।

इताब-क्रोध, गुस्सा, **माहताब**-चाँद, **खलिश**-चुभन, वेदना, **हिजाब**-पर्दा,शर्म

धान रोपती बेटियाँ

मैंने देखी
धान रोपती बेटियाँ
हरे, गुलाबी, नीले
परिधान पहने
सर पर धान के पौधों
की गड्डर रखे
खेत की मेड़ पर जाती हुई
बेटियाँ
मैंने देखी
धान रोपती बेटियाँ ।
कमर में दुपट्टा बाँधे
हाथ,पाँव मिट्टी से सने हुए
और कभी-कभी
चेहरों पर भी मिट्टी लगी
लोकगीत गाती हुई
अपनी धुन में मस्त
बेटियाँ
मैंने देखी
धान रोपती बेटियाँ ।
हाँ, ऐसी ही होती हैं
बेटियाँ
धान जैसी
मायके की नर्सरी में उगाई जाती
और ससुराल के खेत में
रोप दी जाती
बेटियाँ
मैंने देखी
धान रोपती बेटियाँ

पल्लवी गोयल

पिता का नाम	: स्व0 विजय अग्रवाल
माता का नाम	: श्रीमती रीता अग्रवाल
जन्म तिथि	: 5 जनवरी, 1972
जन्म स्थान	: वाराणसी, उत्तर प्रदेश
निवास स्थान	: थाने, महाराष्ट्र
शिक्षा	: कला स्नातकोत्तर, बी.एड., संगीत प्रभाकर
संप्रति	: अध्यापन सेवारत एवं स्वतंत्र लेखन
रचनाक्रम	: पुस्तकों व विभिन्न ब्लॉगों में रचनाएँ प्रकाशित
साझा कृतियाँ	: माँ, मेरी धरती ः मेरा गाँव, क्षितिज उदीयमान साहित्यकार, श्रमिक की व्यथा।
सम्मान	: स्टोरी मिरर कहानी विजेता सम्मान, श्रेष्ठ जन कवि सम्मान
ई-मेल	: pallavigk9@gmail.com
ब्लॉग	: http://manpriyakaman.blogspot.com http://nanhemunnokeliye.blogspot.com https://pallavigk9.blogspot.com http://kuchtaraneafsanome.blogspot.com

पंजाब

कथा सुनो सप्तसिंधु की,
ये है हिंदुस्तान की ।
पंज आब सरित से सिंचित,
धरा यह बलिदान की ।
हरित हेम – सी उपज यहाँ,
गेहूँ मक्का जान है ।
उर्वर मिट्टी का प्रांत ये,
इस धरा की शान है ।
ढंग कुषाणों के देखे,
मंगोल आचार भी ।
हूण, तुर्की का गवाह ये,
सिख पंथ का प्यार भी ।
उगी असि कटार यहीं से,
बोई बंदूक कभी ।
आज यहीं से ढाल उगी,
सीमा पर डटी खड़ी ।
वैशाखी में फसल काट,
श्रम गिद्धा पाते हैं ।
रेवड़ी, फुल्ले, दाने ले,
लोहड़ी में गाते हैं ।
दिखाए लंगर सम भाव,
चूल्हा सांझा करते ।
छबील मीठी दे ठंडी,
मानव धर्म निभाते ।
श्रमजल का रूप स्वयं,
उत्साह की खान है ।
अनोखे भारतवर्ष की,
पंजाब भी शान है ।

जीवन नैया

हे ईश्वर ! जीवन के स्वामी,
तू तो है अंतर्यामी ।
सुख- दुःख हो या राग रंग,
मन चले निर्वेद संग ।
क्लेश, कष्ट या हो उमंग,
मन रंगा हो, तेरे ही रंग ।
राग -द्वेष जीवन का हिस्सा,
कभी न हो ये मेरा किस्सा ।
शत्रु, मित्र, स्वदेश, परदेश
दिखे सबमें, तेरा ही वेश ।
लालच, कपट, स्वार्थ खींचे,
तुझे थामूँ अखियाँ मींचे ।
नफ़रत को प्यार से जीतूँ,
हृदय घट को अमृत वर दे ।
मन से तेरी आस न छूटे,
जब तक ये साँस न टूटे ।
परम अर्थ में घुल जाए सब,
स्वार्थ का अंतिम कतरा तक ।
धर्म, पीठ, वेदी, नदी सब
जो ना पाऊँ या ना जाऊँ।
तेरी छवि अपने मानस में,
अंतिम क्षण तक अंकित पाऊँ।।

औरत

औरत ! तू कहलाती है
बेचारी या सुकुमारी ?
'जगदम्बा' शक्ति रूप में
औ तू है अबला नारी !
कवि ने बोला 'चंद्रमुखी'
सुनते ही तू शरमा गई ।
बादल के रथ पर सवार
छुइ बन, दूजी सदन भई ।
पद मात का है निभाना
भार्या सगुणी कहलाना ।
भूलना न वह रूप जब
लक्ष्मी, गार्गी को जाना ।
संबंधों की डोरी में
हर से सदैव बँधना भी ।
अस्तित्व माटी का कर्ज
स्वयं ही चुकाना कभी ।
अपनों के सब संस्कार
सदा सिर माथे लगाना ।
अपनी पहचान को कभी
विलग अपने से न करना ।
सम्मान करने वालों को
प्रणाम करना न भूलना ।
पहचान हरने वालों पर
प्रहार करना न चूकना . ।

नवगीत - निर्झर

हेम शिखरों से निकलकर,
टपक एक कर झड़ गया ।
बिखरा राही राह चुनकर,
मार्ग पर ही पड़ गया ।।
हाथ पकड़े वल्लरी के,
फिसला फिर चट्टान पर ।
मारुति की बाँहें पकड़ी,
चूमे पुष्पों के अधर ।
फिर वेणियों को गूँथता,
धार बन गड़- गड़ गया ।।
मखमली कालीन भी थी,
पर न उसके पग रुके ।
लक्ष्य देखा ऐसा सुहाना,
पैर उसके ना थके ।
मन सघनता आस पाले,
प्रज्ञा.से भी लड़ गया ।।
हरितिमा चारों दिशा से
खेलती उसे रोकती ।
पर चंचला – सी निम्नगा,
बाट उसकी जोहती ।
धैर्य रहा अब ना उसमें
वेग से धड़- धड़ गया ।।
श्वेत, दूधिल, धवल, फेनिल,
अस्तित्व उसका हँसा ।
प्रेयसी के मन्नतों को,
अपने चित्त में फँसा ।
बढ़-बढ़ नीचे गया और,
हाथ -हाथ से जड़ गया ।

योद्धा

देश के सैनिक न केवल
रेख पर तैनात रहते।
भिन्न पोशाक को ओढ़े
मुश्किल की जंग लड़ते ।

इक शहादत के लिए क्या
निर्दय लौह है जरूरी ।
विचार माता भारत पर
मिटने की मति ही पूरी ।

चिकित्सक जीवन सुरक्षक
जीवन नलियों में भरता ।
पीपीई दुश्वारियों में
स्वयं मृत्यु सहज वरता ।

मूर्खता ऐसे ही जब
गली सड़कों पर विचरती ।
आलय कुटुम्ब छोड़ पुलिस
डंडे से घर में भरती ।

मीडिया ने रंग बदला
कर्तव्य हृदय से समझा ।
सत्य तथ्य प्रसारित किया
चैनल था पर्याप्त सुलझा ।

चुस्त सतर्क हित सुरक्षक
भवन का था पहरेदार ।
अदृश्य रेख – सी खींचता

अब था ज्यादा जिम्मेदार ।
दुकानी पोशाक पहने
मास्क से मुँह को लपेटे ।
बाँटे यथा सामान को
खतरों से प्रतिदिन भेंटे ।

एक पुकार पर दुख सहे
पर थे नहीं घर से डिगे ।
अपनों की जां की खातिर
खुद के जीवन से लगे ।

पैसे जिनको नहीं मिले
दांडी उठाई चल पड़े ।
दरारें पैरों में भरे
स्वेदकणों से आप लड़े ।

मो. मंजूर आलम

जन्म	: 01 मार्च, 1978
जन्म स्थान	: छपरा, सारण (बिहार)
पिता	: राहत हुसैन
माता	: स्व. अनवरी बेगम
शिक्षा	: एम.ए., एल.एल.बी, बेसिक शिक्षक प्रशिक्षण
प्रकाशित कृति	: नया-नया सा एहसास (एकल काव्य संग्रह)
सम्प्रति	: प्रधानाध्यापक, राजकीय मध्य विद्यालय, भलुआ शंकरडीह, तरैया, सारण।
सम्पर्क पता	: न्यू के. जी. एन. सेल्स, सलेमपुर, निकट उषा शोरूम, छपरा सारण, बिहार-841301
मोबाइल	: 9430011043, 7979928713
ई-मेल	: mzr1978@gmail.com

पुत्र की अभिलाषा

चींटी के पर देखकर,

मेरा लल्ला बोला

मेरे भी पर उग आते तो

कितना अच्छा होता ?

जब जहाँ चाहता

उड़ के चला जाता !

मिनटों में घंटों की दूरी नाप आता।

झट ला देता मैं घर के सभी सामान,

पापा घर में बैठकर करते आप आराम।

सुबह सवेरे शहर का चक्कर,

उड़कर मैं लगाता..

ताजी हवाओं में गोते से सेहत भी बन जाता

सोचो पापा ! मजा कितना मुझे आता ?

उड़कर चला जाता स्कूल..

आपका पेट्रोल भी बचता,

सुबह सुबह आपको भी स्कूटर से नहीं छोड़ना पड़ता ।

चींटी के पर देखकर मेरा लल्ला बोला..

मेरे भी पर उग आते तो कितना अच्छा होता!

शहर की भीड़-भाड़ और

ट्राफिक जाम और प्रदूषण से बच जाता,

सोचो पापा ! कितना मजा मुझे आता ?

और थोड़ा बड़ा होता तो

भारत दर्शन को जाता !

लालकिला, कुतुब मीनार सहित नालंदा और राजगीर भी घूम आता !!

भारत के इतिहास भूगोल को..

समझने में दिक्कत भी नहीं होती,

पढ़ाई में भी सोचो कितनी सहूलियत होती ?

जब चाहो जहाँ चाहो घूम-फिर कर आओ,

घर परिवार संग इष्ट मित्रों को खूब चौंकाओ।
पापा ! कुछ ऐसी जुगत भिड़ाओ,
मुझको भी इन चींटियों जैसे पंख दिलवाओ।
मैं बोला बेटा ! ये बरसाती चींटियाँ हैं ..
कुछ ही दिनों के लिए उगते इनके पर,
थोड़े ही दिनों में जाते हैं झर ।
फिर कितनी मेहनत करतीं हैं ?
अपने वज़न का पाँच गुना सामान ढोतीं हैं।
मुन्ना बोला, पापा चलो ठीक है ..
मुझे भी कुछ ही दिनों के लिए पंख तो दिलवाओ,
बड़ी-बड़ी बातों से मुझको न उलझाओ।
मैं बोला बेटा !
पहले तुम भी इन चींटियों की तरह
मेहनत से करो पढ़ाई,
बन जाना अफसर, डाक्टर या इंजीनियर,
फिर आने-जाने को कहीं करना सफर हवाई!
मानव के तो पंख नहीं होते,
पर अपनी बुद्धि, कौशल से हैं जग जीते।
तुम भी बड़े लोगों से प्रेरणा लेकर ..
उन जैसा बन जाओ,
फिर चाहे मौज करो,या जहाँ जी करें जाओ।
पकड़ के फ्लाइट देश दुनिया घूम आओ,
लेकिन पहले कुछ तो बन जाओ ।

चीन की चालाकी नहीं चलेगी !

चीन तेरी चालाकी अबकी, नहीं चलेगी, नहीं चलेगी
यह 1962 का नहीं, 2020 का भारत है
तुझको दो –चार टुकड़े करने का साहस है ।
दिल्ली में बैठी डगमग नहीं स्थिर सरकार है,
अबकी तो चीन में मचनी हाहाकार है ।
अजीत डोवल, अमित शाह, मोदी देख रहे हैं तुझको,
कठोर कार्रवाई कर झकझोरेंगे तुझको ।
शंघाई, बीजींग तक हिला डालेंगे,
थियानमेन चौक पर तिरंगा गाड़ेंगे ।
चीन तेरी चालाकी अबकी, नहीं चलेगी, नहीं चलेगी
भारत को तू कमजोर आँकता आया है,
अंदरुनी मामलों में झाँकता आया है ।
सरकारों की कमजोरी का तूने– फायदा खूब उठाया है,
विश्व के विभिन्न मंचों पर तूने हमें धमकाया है ।
जब से आए हैं मोदी केन्द्र की सरकार में,
नींद उड़ी हुई है तेरी बीजींग सरकार में ।
तख्तापलट की आशंकाओं ने तुझको घेरा है
अब बासठ का भारत नहीं साक्षात काल तेरा है ।
छप्पन इंच की छाती वाले प्रधानमंत्री की हुँकार सुन,
तेरी घिग्घी बँध गई है, जा छुपकर कहीं बैठ गाना सुन ।
वरना जब हम लाल आँख दिखाएँगे !
चीनियों तुमको नानी याद दिलाएँगे ।
पेंगाग और गलवान को तो छुड़ाएँगे,
साथ ही बीजींग, शंघाई को भारत में मिलाएँगे
हमारे अदम्य साहस और बलिदान के आगें, कहीं नहीं टिक पाओगे,
अंतरराष्ट्रीय संधियों की आड़ ले वार्ता को आओगे ।
चीन तेरी चालाकी अबकी, नहीं चलेगी, नहीं चलेगी ।
यह 62 नहीं 2020 का भारत है . . ।

चलते रहना ही जीवन है

साँसें चलती, चलती धड़कनें
बहता धमनियों में रक्त निरंतर है,
जो रुकी/थमी तो फिर मुश्किल जीवन है
चलते रहना ही जीवन है ।
जन्म से अवसान तक प्राणी चलता जाता है
भरण –पोषण, नवजीवन को
क्या कुछ नहीं करता है ?
हर प्राणी दूजे से बचकर ही रहता है।
घोर प्रतियोगिता है जीवन में, यही रीति है,
यही जीवन है, चलते रहना ही जीवन है ।
मानव भी रेंगते सरकते उठ पाँव खड़े होते हैं
ज्यों पाँवों में शक्ति आई, फिर रुकना कहाँ भाई !
पथ कितने ही दुर्गम, सँकरे हों ?
मौसम के थपेड़े या आँधी बवंडर हो
राह नहीं सूझे तो फिर से नयी राह बनाते हैं !
निरंतर चलकर ही तो हम इतिहास बनाते हैं ।
न रुकते हम कभी बिन मंजिल पाए,
चाहे पाँवों में छाले क्यूं न पड़ जाए ।
चलते रहते सदा हम जीवन के उपवन में
जानें प्राणी ! चलते रहना ही जीवन है ।
जो रुके डगर में, थके सफर में
फिर सुख –चैन कहाँ मिलेगा तुझको
असीम कष्ट झेलने पड़ेंगे तुझको ।
खत्म हो जाएगा स्वाभिमान,
चलते रहना ही जीवन है, जाने हर इंसान ।
सूक्ष्म जीव हो या विशाल, निरंतर चलते अपनी चाल
तभी कुछ करते कँमाल! जो रुके, रुक गई जीवनधारा ..
फिर न कुछ तेरा, न म्हारा, चलते रहना ही जीवन है जाने है जग सारा ।

श्रद्धांजलि ! सुशांत सिंह राजपूत

क्या सोच कर गए ?
बहुत खुश हो गए !
दूर हो गई सारी परेशानी ?
पर दुनिया को तो हुई हैरानी !
संचार क्रांति का जमाना है,
इंटरनेट का स्पीड भी हाई है
चौराहों पर लगा निः शुल्क वाई-फाई है !
जरा देखना वहाँ से..
क्या छोड़ गए हो ?
चहुँ ओर उदासी और दुखों का पहाड़
लोग चीख चिल्ला रहे सीना फाड़
क्या फर्क पड़ेगा तुम्हें ?
लौट के तो न आ पाओगे !
क्या इसलिए आए थे दुनिया में?
चार दिन की चाँदनी लिए
चौंतीस पैंतीस साल की जिंदगी से–
कितने घंटे माँ -बाप को दिए ?
तुम्हारे लिए उन्होंने न जाने कितने
जलाए होंगे दीए ।
देखो अपने माता-पिता, चाहने वालों को
जिन्हें जीते जी तुमने मार दिए !
ग़म किसे नहीं है ?
कमी किसे नहीं है ?
तो लड़ते उन गमों से कमियों से,
यूँ न निकलते चुपके से ।
तुम तो सितारे थे
ऊँचा कद, ऊँची पहचान थी तुम्हारी
लेकिन जो किए, नहीं थी होशियारी ।

ये फिल्मी दुनिया है
इसकी अजब ही है कहानी !
चले तो स्टार
वरना बेकार !
बेकारी में अक्सर लोग ऐसा ही कर जाते हैं
हमारे किसान भी..
फसल अच्छी नहीं हो तो कर्ज में डूब जाते हैं
फिर ऐसा ही आत्मघाती कदम उठाते हैं।
फिल्मी दुनिया वाले भी किसान की तरह है
सदैव चौंकाते हैं।
लेकिन तुम्हें अभी और आगे जाना था,
भटक कर ऊपर चले गए !
क्यों गए ? तुम्हें क्या मिला ?
जो यूँ अपनों को रुला दिया !

कुन्दन कुमार

जन्म तिथि	:	02 जनवरी 1990
जन्म स्थान	:	असरगंज, मुंगेर, बिहार
पिता	:	स्वर्गीय महावीर प्रसाद साह
माता	:	आशा देवी
शिक्षा	:	बी.सी.ए.
प्रकाशित कृति	:	भावावेग (काव्य संग्रह)
लेखन विधा	:	कविता
रचना क्रम	:	विविध पत्र-पत्रिकाओं तथा वेब-पत्रिकाओं में प्रकाशित।
कार्यक्षेत्र	:	न्यायिक कर्मचारी (जिला एवं सत्र न्यायालय, नगांव, असम)
ईमेल	:	kundan01901@gmail.com

असमंजस

टपक रहा था पानी नभ से
मौसम में कुछ ठंडक सी थी
भीगी- भीगी सड़कें उस पर
गंध महकती मिट्टी की थी
लथपथ कीचड़ से थी राहें
फिर भी मन आनंदित सा था।

आई थी नगर में सुकुमारी दो
सुख से अंतर ढोल रहा था
रूपमती की ले परिभाषा
अधर पे बरखा मचल रही थी
स्नेह लिए एक अंजुली में थी
एक के मुख क्यों क्रोध पड़ा था।

स्नेहकुमारी हाथ बढ़ाकर
मेरे कर को थाम चुकी थी
फिर भी रह-रह नैन मेरे क्यूं
देख रहे पाषाण हृदय थी
जिनके हिय कुछ प्रेम नहीं
क्यूं उसी की चाहत उमड़ रही थी।

देने को एक थी प्रेम सरोवर
सहज भाव की तरुणाई -सी
अनुरक्ति सी फैली तरुवर
की साया क्यूं मुरझाई सी
जहां क्रोध की अग्नि फैली
जाना भी मुझे क्यों वहीं प्रिय था।

बापू! तुम दुख न करो

बापू! तुम दुख न करो
तेरा देश अभी तक जिंदा है
तेरी वाणी जन-जन की काया
भले होती तेरी यहाँ निंदा हो
बापू! तुम दुख न करो

आपस में हम लड़ते हैं
सर फोड़ा – फोड़ी करते हैं
हम ऊँचे हैं दंभ भरते हैं
जो कहते हैं बस यही सुनो
बापू! तुम दुख न करो

तेरा राम भी बाँटा जाता है
रंगों से धर्म बिखरता है
दंगों से मनु निखरता है
इनकी तुलना किससे हो कहो
बापू! तुम दुख न करो

अपनी भूमि पर जन्मा जो
माता कहकर की पूजा जो
गुनगान किया न थका कभी
जब उसी गोद में डरता हो
बापू! तुम दुख न करो

वो हृदय अभी भी जिंदा है
जिसमें तू अब तक बसता है
है भले नई उनकी काया
जो देख सभी कुछ सहता हो
बापू! तुम दुख न करो

माँ मुझे माफ कर दो

माँ मुझे माफ कर दो
तुम भूखी थी तुम प्यासी थी
तुम थकी हुई घबराई थी
पग छाले थे तन स्वेद भरे
संकट की घड़ी वो आई थी
जिस घर में बसा संसार लघु
उससे तुमको यूँ निकलना था
चलना था तुम्हें मीलों पैदल
रविताप में तुझको जलना था
निराश्रित होकर के भी तुमने
ये प्रण कठिन था ठान लिया
घबराकर ही मुरझाकर ही
शक्ति हो तुम यह मान लिया
मन में था विश्वास भरा
दुर्भिक्ष स्वत: यह जाएगा
बस चलना है जहाँ वास सदा
ये राह स्वयं मिट जाएगा
पर मैं बाधा तेरे उदर में था
सब कष्टों का मुझे भान भी था
तुझे चलने से मुझे रोकना था
साहस को तेरे मुझे तोड़ना था
उस राह में जो था जलता हुआ
दिया दर्द तुम्हें मैंने अथाह
उसी पल मेरा भी आना हुआ
माँ धारण करके पूर्ण रूप
नहीं रोक सका होने से दूर
नहीं तुम-सा मैं बलशाली माँ
तेरी व्यथा नहीं मैं मोड़ सका

वो एक सिपाही

वो एक सिपाही जिसके कंधों पर संपूर्ण देश का भार धरा है
वो एक सिपाही हिम शिखरों के माथे पर जो चढ़ा हुआ है

जिनके नैनों से उठती ज्वाला सूरज को भी चिढ़ा रही हो
जिनके कंठों के गर्जन भर से सिंह की वाणी भी कुंठित हो

रौद्र रूप धरते ही जिनके नतमस्तक होता साहस भी
शौर्य रूप को देख के इनके शीश झुकाते हैं अम्बर भी

क्षितिज की भांति फैले भुजबल के भीतर यूं बसा तड़ित है
आभा से जिसकी हो विस्मित बैठा सारा व्योम अनल है

पर्वत के पर्वत हैं लज्जित अक्षम उछाह अभिमान देख के
सरवर व तरुवर आशंकित अगम्य भाव निःस्वार्थ देख के

अमिट पगों के छाप युगों तक सहेज हृदय में रखती धरती
अडिग चखों के तेज युगों तक महीधर वक्ष समाये रहती

जिनके क्रोध से कांपे सृष्टि वीर पुरुष की उपमा क्या हो
जिनके क्रोध से भान व्यालि का क्षीरपान का मान भी क्या हो

जिनके होने से जग सारा गर्वित होकर मान हो पाता
जिनके होने से नभ सारा आशाओं के गान हो गाता

पूर्ण देश की क्षमता जिनके शिराओं का वेग बना हो
पूर्ण देश की ममता जिनके सिर ऊपर आकाश बना हो

वो एक सिपाही जो बसता हो जग के सारे रोम-रोम में
वो एक सिपाही जो बंटता हो मानवता के सभी क़ौम में

श्रद्धा-सुमन

श्रद्धा-सुमन के दो पुष्प चरणों में अर्पित कर
लौटा हूँ सहकर्मी के मैं इस क़दर
स्तब्ध मन, धरा में धँसते पैरों को उठाते हुए
उदासियों का अम्बार था जाता हृदय को भेदकर

आज से पहले नहीं आभास ये मुझको हुआ
कितनी चिता जलता रहा न नैन ये बोझिल हुआ
वे शव सभी अपने ही थे जो हो चुके हैं भस्म अब
न वेदना का अंश था न दृग कभी शीतल हुआ

सम्मान जो इनको मिला लोचन कई भीगे हुए
ख्यातियों की बाढ़ सी हर मुख सदा कहते रहे
नम्रता का भाव था हँसता रहा मुखारविंद
इनकी जमा-पूँजी यही बन चेतना जो घूमते

राह सारी सोचता मैं बस यही बढ़ता रहा
दो बून्द क्या आँसू कहीं पर है जमा मेरे लिए
क्या कोई मुख भी हो ऐसा जो कहे मानव था ये
क्या कोई दो पुष्प लेकर होगा खड़े शव पे मेरे

अर्जित क्या मैंने किया इस जीवन के परिवेश में
न किसी का हाथ थमा न रहा व्यवहार में
हर शब्द कटु कहता रहा छिलता रहा हृदय त्वचा
जो मेरे हित में रहे करता रहा उपहास मैं

संचित सदा मैंने किया अपने लिए अभिमान को
अज्ञानता की छाँव में बैठा रहा ले स्वांग को
नित्य अभिनय में रहा विद्वान हूँ कहता रहा
भूल सारे सत्य मैं खोता रहा अस्तित्व को

नींव

सरिता में गिरा एक पल्लव मैं
धारा के संग बहता जाता
खोता निशदिन अस्तित्व मेरा
सामर्थ्य नहीं कि मुड़ पाता

है वेग प्रबल जल का इतना
कलरव के सिवा कोई ध्वनि नहीं
कोई चीख मेरी गर उभरे भी
नदी की लय में ही घुल जाता

परिपक्व हुआ क्यों शीघ्र वर्ण
मन की मंशा स्फीत हुई
न जुड़ा रहा सका शाखा से
विस्मित नैना स्व ः हर्षायी

पवन भी नहीं तेज बहा
उड़ता गिरता जा दूर कहीं
बन जाता मही या जलता तो
यूँ व्यर्थ नहीं जीवन होता

पर पृथक हुआ जो नींव से हो
उसका गलना तो तय ही है
जिसका कोई उपयोग नहीं
निश्चय उसका ढलना ही है

अनभिज्ञ राह में नहीं परख
जो भीड़ के संग बस चलता हो
उद्देश्य नहीं जिसका हो कोई
उसका झड़ना तो तय ही है

शाहाना परवीन

पिता : स्वर्गीय श्री यूसुफ अली जी

माता : श्रीमती शमीम आरा

पता : मकान नंबर- 12- डी, रामपुरम कॉलोनी, ज़िला मुज़फ्फरनगर, उत्तर प्रदेश- 251001

फ़ोन नंबर : 9876850264

शैक्षिक योग्यता : बी0ए0 (ऑनर्स), एम0ए0 अलीगढ़ मुस्लिम विश्वविद्यालय (एएमयू) अलीगढ़, एन.टी.टी. (नर्सरी टीचर ट्रेनिंग) कोर्स हरियाणा, सह पाठ्यक्रम गतिविधियाँ : एन.एस.एस. (राष्ट्रीय सेवा योजना) एएमयू अलीगढ़।

लेखन शैलियाँ : कविता, कहानी, लघु कथा, लेख, आलेख आदि लिखना और एंकरिंग करना।

प्रकाशित कृतियाँ : लम्हों की खामोशियाँ (एकल काव्य संग्रह)।

साझा संग्रह - बाल काव्य, बज़्मे हिंद ऐतिहासिक पुस्तक, स्वरांजलि, कथाद्वीप, आखर कुंज, नव-किरण, नव सृजन, काव्य सृष्टि, हे भारत भूमि, रत्नावली, उन्मुक्त परिंदे (प्रकाशनाधीन), शब्दों के पथिक।

प्राप्त सम्मान : श्रेष्ठ रचनाकार सम्मान, स्वामी विवेकानंद साहित्य सम्मान, उत्कृष्ट काव्य सृजन सम्मान, काव्य स्वरांजलि सम्मान, कथा गौरव सम्मान, सावरकर सम्मान, श्रेष्ठ सृजन सम्मान, हरिवंश राय बच्चन सम्मान, सहभागिता सृजन सम्मान, हिंदी साहित्य साधक सम्मान, काव्य सृष्टि साहित्य सम्मान, नव-किरण साहित्य सम्मान, लेखन आगाज सम्मान, काव्य सृजन सम्मान, श्रीमती फूलवती देवी साहित्य सम्मान।

ईश्वर भी सोचता होगा

ईश्वर कभी सोचता होगा ये मैंने कैसे इंसान बना दिए?
अपने हाथों से बेटियों को लूटने वाले दरिंदे बना दिए।

इन्हें न खौफ ईश्वर का न ही कभी प्यार ज़िंदगी से,
संस्कारों को दर किनार करने वाले दुराचारी बना दिए।

ज़ालिमों को महसूस नहीं होती चीखें किसी मासूम की,
भगवान ने गलती से इंसान की सूरत में हैवान बना दिए।

डर और खौफ तो कबका खत्म हो गया इन दानवों का
न जाने क्यूँ भगवान तूने डसने वाले नाग बना दिए?

नारी पर करते अत्याचार हाथ भी नहीं काँपते इनके?
इनको जीवन देकर ईश्वर क्यूँ भूखे शेर बना दिए।

तेज़ाब नारी पर डालकर जबरन उसे हासिल करते हो,
शरीर जलाने वाले विचित्र सोच के मजनूँ बना दिए।

जंग इंसाफ की

जंग इंसाफ की,
वही लड़ सकता है,
जो इंसाफ पसंद हो।
वरना इंसाफ के लिए,
जंग लड़ना आसान नहीं है।
जंग इंसाफ की,
लड़ने के लिए,
काबिलियत चाहिए।
वही लड़ सकता है
जिसमें हिम्मत हो।
माना समय बदल गया है
इंसाफ नहीं मिलता आसानी से।
इंसाफ के लिए
जंग जीतनी पड़ती है
तभी जीत हासिल होती है।
आवश्यक नहीं कि जंग
तीर, भालों या बंदूक, चाकू ही से
लड़ी जाए,
जंग इंसाफ की जीती जाती है तर्क से,
जंग इंसाफ की जीती जाती है सत्य से।
असत्य के मार्ग पर चलकर,
जो करते बेइमानी।
पकड़े जाने पर,
सुनाते नई कहानी।
जंग करो इंसाफ के लिए
मिलकर सभी लोग।
तभी मिलेगी समाज को
बेइमानों से आज़ादी।

एक राखी सैनिक के नाम

मेरे वीर सैनिक भाइयों, सदा रखो याद,
तुम देश की शान हो, हर बहना का प्यार हो।

तुम्हारी बहने रक्षा बंधन पर राखी तुम्हें बांधती हैं,
बेशक तुम नहीं होते पास, तुम्हारे लिए थाली सजाती हैं।

हम सब होते घरों के अंदर, तुम बाहर सरहद पर होते हो,
बहने करती तुम्हारी प्रतीक्षा तुम दुश्मनो से लड़ते हो।

मेरे देश के वीर सैनिक तुम देश की आन हो,
केवल रक्षाबंधन ही नहीं तुम हर दिन बहनो की शान हो।

सरहद पर बहने राखियाँ वीर सैनिक भाईयों को भेजती हैं,
हृदय हो जाता गर्वित जब सरहद पर रखियाँ भेजती हैं।

वीर सैनिक भाईयों की कलाई पर जब राखियाँ सज जाती है,
सीना फूल जाता है गर्व से जब र देश की बहनों की राखियाँ आती हैं।

देश की रक्षा हेतु अपना जीवन अर्पित करते हैं,
हमारे वीर सैनिक भाई देश का गौरव बढ़ाते हैं।

एक राखी सैनिक के नाम हर वर्ष एक बहन भेजती है,
वीर सैनिक भाई को समझो एक नई शक्ति मिलती है।

आस्था

आस्था तुम्हीं में मेरी,
विश्वास भी तुम ही हो ।
माता- पिता इस जगत में,
भगवान भी तुम्हीं हो ।

मेरी आस्था का मान तुम रखते,
आँखो में आँसू आने नहीं देते ।
करते मुझे प्यार और दुलार,
भगवान भी तुम्हीं हो ।

आस्था है तभी ईश्वर है,
बिना आस्था यहाँ कुछ नहीं है ।
माता- पिता से बढ़कर मेरा विश्वास,
और किसी में कभी नहीं है ।

प्रार्थना करती हूँ सभी के लिए,
सबके माता -पिता रहें सदा जहाँ में ।
करते रहे स्नेह अपनी संतान से,
माता -पिता ही सच्ची आस्था हैं ।

दोस्ती

दोस्ती को परिभाषित करना सरल नहीं है,
किसी से करके दोस्ती निभाना सरल नहीं है ।
करो अगर दोस्ती तो निभाओ दिल से,
दोस्त बनाकर जीवन भर साथ देना सरल नहीं है ।

एक ऐसा अहसास है जो होता बहुत खास है,
हर रिश्तें से रहता दूर, रिश्ता दोस्ती का बेमिसाल है ।
धर्म, जाति, मज़हब, रंग, रूप नहीं देखती दोस्ती,
दोस्त बनाकर जीवन भर साथ देना सरल नहीं है ।

दोस्ती करने से पूर्व अपने कर्तव्यों का भान करो,
ईर्ष्या, द्वेष, भेदभाव, अहंकार की भावना को हृदय से निकालो ।
कड़वे विचारों को तनिक मन मे ना प्रवेश करने दो,
दोस्त बनाकर जीवन भर साथ देना सरल नहीं है ।

दोस्ती में हम एक दूजे को बताते दिल की बात,
दुख और सुख को जीते- मरते दोस्ती में एक साथ ।
समुंदर हो चाहे लाख गहरा किनारा मिल ही जाता है,
हर बड़ी समस्या का समाधान मिल ही जाता है ।
दोस्त बनाकर जीवन भर साथ देना सरल नहीं है ।

पूनम का चाँद

चाँदनी रात में तुम आती हो घर मेरे,
लाती हो खुशियाँ हज़ार, हँसती हो संग मेरे,
मिलन की रात बहुत हसीन होती है,
जब तुम पूनम का चाँद बन आती हो घर मेरे।

मै डूब जाता हूँ तुम्हारी निगाहों में और,
तुम भी खो जाती हो मेरी आँखो और बातों में,
मदहोश कर देती हैं तुम्हारी शोख अदाएँ,
जब तुम पूनम का चाँद बन आती हो घर मेरे।

तुम नहीं होती जब चाँदनी रात तड़पाती है बहुत,
दिन में उदासी रातों को रूलाती है बहुत,
तुम्हारा अहसास भर देता है मेरे खाली दामन को,
जब तुम पूनम का चाँद बन आती हो घर मेरे।

तुम्हारा और चाँद का रिश्ता है बहुत पुराना,
आसमान में होती जगमग सहारा है हमारा,
तुम्हारे आने से फैल जाती है रौशनी जहाँ में,
जब तुम पूनम का चाँद बन आती हो घर मेरे।

आनंद सिंह शेखावत

पिता	:	मंगल सिंह शेखावत
माता	:	उत्सव कँवर
जन्मतिथि	:	10/05/1991
शिक्षा	:	पॉलीटेक्निक, बी.ई.
व्यवसाय	:	लेखन, ट्रेडिंग
प्राप्त सम्मान	:	विराटनगर द्वारा साहित्य साधक सम्मान 2019, सहित्यनामा द्वारा आजादी की कीमत पर छपे लेख को सम्मान 2020, स्टोरीमिरर द्वारा 'मेरी उड़ान' प्रतियोगिता 2019 के विजेता का सम्मान, The साहित्य एवं प्राची डिजिटल पब्लिकेशन द्वारा 'जन कवि सम्मान 2020'।
पता	:	गाँव केरपुरा, तहसील खंडेला, जिला सीकर, राजस्थान, पिन कोड – 332709
मोबाइल	:	8741903028
ईमेल	:	anand52268singh@gmail.com
प्रकाशित रचनाएं	:	तभी तो फौजी कहलाता हूँ, तेरा इंतजार, फौजी की पत्नी से सप्रेम विनती, श्रमिक की व्यथा आदि प्रमुख रचनाएं प्रकाशित हो चुकी हैं।

कॉलेज की बातें

याद आती हैं मुझे, कॉलेज की वो हर बातें
दिन में क्लास और हॉस्टल की हसीन रातें,

मैश का वो खाना अब, लगता घर से भी न्यारा था
रहने वाला वहाँ हर कोई भाई से भी प्यारा था,

रीसस होते ही सारे कैंटीन में आते थे
एक दूसरे के टिफिन को, पल में चट कर जाते थे

देकर चकमा टीचर को, कभी-कभी बंक भी कर जाते थे
हॉस्टल आना कैंसिल करके, मूवी देखने जाते थे,

याद आती है मुझे, कॉलेज की वो हर बातें
दिन की मस्तियाँ और सुकून भरी रातें,

जैसे-तैसे करके 2 बजे वापस हॉस्टल आते थे,
खाके खाना अब, गहरी नींद में सो जाते थे।

उठाकर बैट शाम को, ग्राउंड पर चले आते थे,
बिना किसी सिग्नल के, सारे वहाँ इक्कठे हो जाते थे,

अँधेरा हुआ, निकलो यहाँ से, कहके पीटीआई हमपे चिल्लाता था
पर कौन सुने उसकी, जब तक हर कोई थक न जाता था,

बहुत याद आती है मुझे, कॉलेज की वो बातें
दिन की क्लास और वाई- फाई के साथ जागती रातें,

आदतें तो बहुत थी पर, शायद ये सबसे निराली थी

खेलकर आते ही, संगम पर तैयार स्पेशल चाय की प्याली थी,
बैठकर थड़ी पर चाय पीना, तो बस एक बहाना था
कर लेते थे गुफ़्तगू एक दूजे से, वो भी एक जमाना था

थी उम्मीद की पट जाए कोई, इस आस में जीटी जाते थे
खाकर प्रसाद रोज, बैरंग ही लौट आते थे,

बहुत याद आती है मुझे, कॉलेज की वो बातें,
दिन की नींद और एग्जाम डेज की डरावनी रातें,

असाइन्मेंट कॉपी करना, तो था टैलेंट हमारा,
पर कोशिश थी, बिना कॉपी किये रह न जाए कोई बिचारा।

याद आती है मुझे कॉलेज की वो बातें,
जहाँ दिन में क्लास और थकान भरी रातें।

मेरे अरमाँ

हैं अरमान मेरे बस इतना सा–
जब भी याद करो तुम मुझको,
और पल में हाज़िर हो जाऊँ
पल–पल तेरे साथ रहूँ और
इन पल में सारी खुशियाँ दे जाऊँ

है अरमान मेरे बस इतना सा–
याद करे तू जिस खुशी को,
वो पल में तेरी हो जाये
करने वाला तो रब है,
पर बस नाम मेरा हो जाये

हैं अरमान मेरे बस इतना सा–
तू सोती रहे बाहों में मेरी,और मैं
उलझी लटें सुलझाता जाऊँ
तू बन जाये परछाई मेरी,
और मैं तेरा साया बन जाऊँ

है अरमान मेरे बस इतना सा–
तुम बन जाओ राधा और
मैं कृष्णा बन जाऊँ
जब भी आये तुझपे संकट,
पल में छू मन्तर कर जाऊँ

है अरमान मेरे बस इतना सा–
तुम बन जाओ अक्ष (अक्स) मेरा और
मैं मांग का सिंदूर तेरा हो जाऊँ
साथ रहूँ तेरे हर पल जैसे–

तेरी बिंदी की चमक बन जाऊँ, और
तेरी चूड़ी की खनक बन जाऊँ

है अरमान मेरा बस इतना सा–
तुम बन जाओ तलवार मेरी और
मैं तेरी सख्त ढाल हो जाऊँ,
खड़ा रहूँ साथ तेरे हर दम,
तेरे हर दर्द का मरहम बन जाऊँ।

है अरमान मेरे बस इतना सा–
तुम बन जाओ राही मंज़िल के
और मैं उस मंज़िल का
हमराही बन जाऊँ।

एक दोस्त

एक दोस्त जमाने में ऐसा था,
जो बेबाक मोहब्बत हमसे करता था ।
सुबह कहो या शाम कहो,
हर वक्त याद हमें जो करता था ।
रोज सुबह जब आता कॉलेज,
साथ मे खुशियाँ लाता था ।
जाते – जाते शाम तक घर को,
थोड़ा मायूस हमेशा हो जाता था ।
लेकिन अगली सुबह आने का
वादा जो कर जाता था ।।
एक दोस्त जमाने में ऐसा था,
जो बेबाक मोहब्बत हमसे करता था । ।
समस्या चाहे कुछ भी हों
फाइल्स से लेके प्रैक्टिकल तक की,
सब कामों में हाथ बटाता था ।
जब न आऊँ मैं कॉलेज तो,
प्रॉक्सी जरूर लगवाता था ।
एक दोस्त जमाने में ऐसा था,
जो हर हाल में साथ निभाता था ।।
अच्छी सलाह देना आदत थी उसकी,
लेकिन कभी- कभी गुस्सा भी हो जाता था ।
लाता था टिफिन रोज साथ में
लेकिन, मेरी पसंद की वेज बिरयानी लाता था ।
एक दोस्त जमाने में ऐसा था,जो हर पल खुश रहता था ।।
एक दोस्त जमाने में ऐसा था,
फूलों में गुलाबों जैसा था, यादों में कल्पना जैसा था ।

बेइंतेहा

इश्क़ मेरा मुकम्मल हो ना हो
पर याद तो तुझे आज भी करते हैं,
तुम भले ही गौर करो ना करो,
प्यार तो तुम्हें आज भी करते हैं।
भले ना हो अब तुम पास में,
तो क्या हुआ
पर तुम्हारा स्पर्श तो हम आज भी,
महसूस करते हैं।
प्यार से हो या गुस्से में हो,
तुम जब रौब मुझपे जमाती हो,
उस रौबीले चेहरे को तो,
हम आज भी मिस बहुत करते हैं।
अब तो अकेले रहने में भी
है मजा कहाँ,तेरे अटूट साथ को तो हम
आज भी तरसते हैं।
तेरी तस्वीरों को सीने से लगा के सोते है,
तेरे पसंदीदा गानों को जो गुनगुनाते हैं,
कुछ भी कहे जमाना पर
प्यार तो हम तुम्हें आज भी बहुत करते हैं।
तेरा रात को यूँ सपनों में आना,
आके हल्का –सा सहला जाना,
ये प्यार नहीं तो क्या है?
तेरी हर उस अदा का हम बेसब्री
से इंतजार तो आज भी बहुत करते हैं,
तुम मानो या न मानो,
प्यार तो हम तुम्हें आज भी बेइंतहा करते हैं।

बसंती सामन्त

पति	:	सुरेन्द्र सिंह सामन्त
पिता का नाम	:	श्री पदम सिंह सामंत
माता का नाम	:	श्रीमती लीलावती देवी
जन्म तिथि	:	28.2.1981
सम्प्रति	:	गृहणी
शिक्षा	:	स्नातक हिंदी माध्यम
जन्म स्थान	:	उत्तराखंड (उधम सिंह नगर) चकरपुर
साझा कृतियां	:	सुन ए जिंदगी, अब आ जाओ, लॉकडाउन व्यथा।
प्रकाशित कृति	:	अधूरे अल्फाज (एकल काव्य संग्रह)
लेखन विद्या	:	कहानी कविता लेख निबंध
रचनाक्रम	:	विविध पत्र-पत्रिकाओं में प्रकाशित रचनाएं, वेबसाइट में प्रकाशित लेख एवं कविताएं।
गतिविधियां	:	साहित्य सेवा में संलग्न समाजसेवी संस्था में कार्यरत
सम्मान	:	2020 विश्व हिंदी रचना कर मंच द्वारा अटल हिंदी सम्मान हिरदु फाउन्डेशन द्वारा सृजन उत्तम लेखन हेतु पुरस्कृत।
संपर्क	:	ग्राम एवं पोस्ट ऑफिस बिरिया, तहसील खटीमा, जिला उधम सिंह नगर, उत्तराखंड
ईमेल	:	basu105080@gmail.com
दूरभाष	:	8006892586

रिक्तता

जब-जब मैंने अपने भीतर
रिक्तता का अनुभव किया
तब-तब तुम्हें आवाज दी
तो तुमने रिस दी
अपने दंभ की बूंद टिप-टिप
जो मेरी रिक्तता को चीर
मेरी वेदना में शूल बनकर उभर गई
मैं न कभी लजाई सच बोलने से,
न भयभीत हुई लिखने से
तो निर्भय होकर
बोल सकती हूँ कि तुम्हारे लिए
मेरे हृदय में कुछ तो निम्न हुआ है
वह प्रेम है या तुम्हारा सम्मान
आंकलन मुश्किल है
पर सच है हृदय में
तुम्हारे प्रति आई रिक्तता
बदल गई संपूर्ण सागर में
जो तुम्हारे दंभ की बूँदों से
आखिर भर ही गया
शनैः शनैः टिप -टिप....

वह बात

लोग कहने से डरते हैं जो मैं वह बात लिखती हूँ

काले अक्षर ही नहीं मैं जज़्बात लिखती हूँ

जो मिली हर राह में मैं वह सौगात लिखती हूँ

बस खुद के ही नहीं जमाने के दर्द मैं हर रात लिखती हूँ

गिरे अश्कों से जो मोती मैं उन्हें अशफाक लिखती हूँ

खिला चमन में अगर फूल कहीं कोई

मैं उसकी महक हर बार लिखती हूँ

गरीब की भूख को मैं उसकी आस लिखती हूँ

दिल में दबी ख्वाहिशों को मैं बेबाक लिखती हूँ

हुए जो गुरुर से लाख कभी मैं उन्हें खाक लिखती हूँ

मानव तेरे चेहरे का मैं हर अंदाज लिखती हूँ

है अगर अंधेरी रात तो मैं उसे अमावस का चाँद लिखती हूँ

लोग कहने से डरते हैं जो मैं वह बात लिखती हूँ।

समाज की व्यवस्था

'अरे कहाँ घुसी जा रही हो बाहर जाओ'
तुम अछूत हो और सुनो
5 दिनों तो तुम्हें घर से बाहर रहना होगा
और हां तुम नहाओगे भी नहीं
यह कहकर कुछ मैलें कपड़े मेरी ओर से फेंक दिए
धक से रह गई मैं सब देख सुनकर
मैंने तो पढ़ा था कहीं कि स्त्रीत्व का आरंभ है यह
पर इसकी ऐसी व्यवस्था मैंने कभी पढी ही नहीं
शरीर का दर्द हृदय भर गया
वह 5 दिन मुझे किसी अपराधी की भाँति भिक्षुक बना गए
स्कूल से दाग छुपाकर तो मैं घर आ गई
पर घर में मिले दंश को छुपा ना पाई
घिन आने लगी ऐसी व्यवस्था पर जो मुझे
समझ में नहीं आता कि
किस को संभालना जरूरी है
प्रवाहित रक्त धारा को
या ऐसी व्यवस्था को या फिर स्वयं को....

कौन है

न नुमाइश कर खुद के जख्मों की तू यहाँ
क्योंकि बिना दर्द यहाँ कराहता कौन है

उकेर दे शब्दों को कागज पर
पर पढ़ा न किसी को क्योंकि

जज्बातों को यहाँ पढ़ता कौन है
तारीफ़ पर किसी की झूठी तू यूँ न इतरा,

क्योंकि बिना मतलब यहाँ बोलता कौन है
दर्द को छुपा बिंदास तू मुस्कुरा क्योंकि,

आँखों में छुपी नमी यहाँ देखता कौन है
जाहिर न कर हर बात पर फ़कीरी अपनी

क्योंकि फ़कीरों को यहाँ पूछता कौन है।

मेरे सवाल?

मेरे सवाल खामोश ना होंगे ढलती शाम की तरह
यह फिर आएंगे चढ़ते दिन की तरह
बलात्कारियों को मिलती क्यों अक्सर रियायत है?
तो हत्यारों को भी बस मिलती क्यों हिदायत है?
दहेज के लिए औरत की क्यों जलाई जाती है?
भ्रूण मैं भी बच्ची ही क्यों हर बार दफनाई जाती है?
औरत की इज्जत ही क्यों होती दागदार है?
पुरुष ही बनता क्यों औरत का पालनहार है?
भ्रष्टाचार ही क्यों फलता हर शाख पर?
गरीबी है क्यों बनती मजाक है?
पत्थर तो यहां पूजे जाते पर क्यों मां बाप ना संभाले जाते?
चार दिन की चांदनी तो फिर क्यों होती अंधेरी रात है?
एक कोख से जन्मे होने पर भी बेटा वंश तो बेटी क्यों पराया धन है?
कभी खामोश ना होंगे मेरे कई सवाल ???
शाम की तरह या फिर आएंगे चढ़ते सूरज की तरह।

कुछ बनना है तो

बनना है एकलव्य-सा धुरंधर तो
अंगूठा अपना देना होगा
यदि बनना भीष्म पितामह-सा तो,
तीर की शैय्या में सोना होगा
यदि बनना पुरुषोत्तम राम-सा तो
मर्यादा में तुमको रहना होगा
यदि बनना सीता-सा तो,
पल-पल अग्निपरीक्षा से गुजरना होगा
यदि बनना राधा-सा तो,
विरह में पल-पल जलना होगा
यदि बनना अहिल्या-सा तो
शिला में बदलना होगा
यदि बनना मीरा-सा तो
कतरा-कतरा विष पीना होगा
यदि बनना स्वर्ण आभूषण तो
अग्नि में तुमको तपना होगा
यदि करना है इतिहास में नाम दर्ज तो
वर्तमान से तुमको लड़ना होगा।

अनुजा बेगम

जन्म	:	01–02–1986
माता	:	आमिना बेगम
पिता	:	मनजुर अली
शिक्षा	:	एम.ए.(हिंदी), एम.फिल (हिंदी), पी-एच.डी.(हिंदी) अध्ययनरत, यू.जी.सी. स्लेट (हिंदी), पी.जी.डी.टी.(हिंदी), प्रवीण (हिंदी), डी.सी.ए.(कम्प्यूटर)
पता	:	गाँव आजारा हाटखोवापारा, डाक आजारा, जिला कामरूप (मेट्रो), राज्य असम, राष्ट्र भारत, पिन– 781017
चलभाष	:	+91 93656 07584, 95776 46790
ईमेल	:	begumanuja75@gmail.com
संप्रति	:	संकाय, हिंदी विभाग, संदिकै बालिका महाविद्यालय, गुवाहाटी–01, असम।
गतिविधियाँ	:	विविध राष्ट्रीय एवं अन्तर्राष्ट्रीय पत्रिकाओं में मौलिक आलेख, कहानी, कविता, यात्रा–वृत्तांत आदि का प्रकाशन।
अनुदित पुस्तक	:	01
रचना प्रकाशन	:	दो काव्य संग्रहों में मौलिक कविता प्रकाशित।
प्राप्त सम्मान	:	ए.आई.पी.सी. विशेष सम्मान, उत्तर प्रदेश, 2016
		श्रेष्ठ कवयित्री सम्मान, नई दिल्ली, 2017
		साहित्य गौरव सम्मान, मध्यप्रदेश, 2017
		ए.आई.पी.सी.विशेष सम्मान, उत्तर प्रदेश, 2019

इमारत

विशालकाय संसार समुद्र में..
अनेक जीवों का वास..
कभी मानवों का निवास
तो कभी मानवेतरों का राज।।
सृष्टि के इस रहस्य में..
मानव!!
अपने ज्ञान कौशल और बुद्धि से
निर्मित करता इमारत
बड़ी बड़ी इमारतें।
मानवता की इमारत।भव्य इमारत।।
सहानुभूति-प्रेम और सौहार्द्र से
भाईचारे के बंधन से.. मानव!!
धरती पर खड़ा करता है इमारत।
ज्ञान की इमारत।
लोकसत्ता की इमारत।।
लेकिन कभी कभी
काली- काली छायाएँ..
घेर लेती हैं ..
इमारत को
काले धुओं से..
हे विश्व मानव!!
तू बन हमेशा दुर्जेय और शक्तिवान
तू कर अपनी मानवता की रक्षा।
अतीत संस्कृति की रक्षा।
इमारत को न बनने देना खंडहर..
कालजयी बनाके जीवित रखना यह विश्व धरोहर..
मानवता की धरोहर।
संस्कृति की धरोहर।।

यथार्थ

उच्च वर्ग
और
निम्न वर्ग ..
क्यों करते हैं
यह विभाजन ..??
जमींदार
और
किसान ..
क्यों न होते दोनों एक समान ..??
अंतर क्या है!!
दोनों ही तो मानव हैं ।।
फिर ..
यह विभाजन कैसा ??
यथार्थ क्या है ?
तब
कहीं से झटककर एक आवाज होती हैं ..
और
मेरे कानों में टकराकर कह जाती है ..
मानवता का अभाव !!
ओह ..

किसान

बैलों की जोड़ी
किसानों की श्रमवारि
दसदिशि लहरायें
सिर्फ हरियाली ही हरियाली ।।
अन्न माँ के सपूत
देश के प्यारे किसान
करों में सँवारे हो
लेके यह दिव्य वरदान ।।
सारे जग जीवन
सिर्फ तुम्हारे हाथ
देशवासियों को न तू कभी
छोड़ना मझ-घाट ।।
तेरे दृगों में
देखे हमने हजारों सपने
सदियों से तुम हो
हमारे प्यारे-अपने ।।
अपने लहूँओं का
रखते हो तुम सदा मान
जिसके तले कभी न होने देते
माँ की गोद को वीरान ।।
मेरा भारत
मेरे प्यारे किसान
हरियाली ही हरियाली हो
मेरा प्यारा हिंदुस्तान ।।

अवधूत बनो

अवधूत बनो
हे विश्व मानव!
ज्ञान ज्योति
प्रज्ञा ज्योति से बढ़ाओ
विश्व गौरव।
मानव,
मानवता हो
तेरा अपना ध्येय
जीवन विफलताओं से
न तुम पराजेय।
अहिंसा रहे
बापू की
सदा ध्येय
हम
क्यों आज उससे इतने अज्ञेय।
रखो सदा,
अन्तर्मन में
स्पर्धा, भक्ति
और
मानवों पर विश्वास
तब सुनोगे
चारों दिशि
धरती के अंतस्तल पर
मानव–मानवों का
विजय उल्लास।

जीवन

किसी की गोद में मुझे पलने दो . .
किसी के आंचल में जाके छिपने दो . .
ममता के सागर में मुझे तैरने दो . .
घुटनों के बल और दो कदम चलने दो . .
जीवन जीने दो . .
आज इस नन्हीं– सी कली को धरा पर खिलने दो । ।

यौवन रूपी भ्रमर को मँडराने दो . .
रंगीन सपनों को पंख लगाके उड़ने दो . .
प्रिय की मानस छवि उर में झूलने दो . .
वसंत के विहग को पिउ रव गुनगुनाने दो . .
जीवन जीने दो . .
प्रिय का स्नेह रूपी इन्द्रधनुष गगन में फहराने दो । ।

देशहित मुझे आज आगे बढ़ने दो . .
मीठी वाणी से शत्रुओं को अमृत पान कराने दो . .
बापू की अहिंसा को जीवन तान बनाने दो . .
अपनी माटी की महक चारों ओर फैलाने दो . .
जीवन जीने दो . .
उम्र के हर पटल पर तन्तुओं में वीराग्नि जलने दो । ।

उम्र की आभा ज्योतित हो जाने दो . .
अज्ञात के दर्शन में मुझे लोक में विचरने दो . .
हरी – हरी सेज पर मुझे लेटने दो . .
कर्मों की अमर वाणी लोगों तक फैलाने दो . .
जीवन का भव सागर मुझे पार होने दो . .
आज कफन फाड़कर भी मुझे जीवन जीने दो । ।

पढ़ लो

पढ़ लो
दर्पण को
जहाँ आप खड़े हो ..
पढ़ लो
आप को
जहाँ सोच जुड़े हों ।।
जीवन की कड़वाहट
कहीं बिकती नहीं है ..
सोचों के बाजार में
वह
मुफ्त मिलती है ।।
कभी विजित न बनो
चिंतन को पढ़ो ..
सदा कुशल बनो
अपने हुनर को निरखो ।।
पंथ में कंकड़ मिले
तो उसे
ठुकराना नहीं है ..
तुम उस कठोरता को पढ़ो
जिससे तुम्हें लड़ना है ।।
सूरज की किरणों को पढ़ो
जो तुम्हारी खाल में है ..
चंद्रमा की शीतलता को पढ़ो
जो लोगों तक तुम्हें फैलानी है ।।
तुम उस पथ को पढ़ो
जहाँ तुम्हारी मंजिल है ..
तुम उस करम को पढ़ो
जो मानव का श्रेष्ठ धर्म है ।।

सुखविंद्र सिंह मनसीरत

पिता	:	श्री गुरमीत सिंह घासीवाल
माता	:	स्व . मनजीत कौर घासीवा
सम्प्रति	:	प्रवक्ता अंग्रेजी, हरियाणा सरकार
पुस्तकें	:	1 – मनसीरत शहद बूँद काव्य संग्रह, 2 – आपातकाल में काव्य सृजन फुलवारी, 3 – 12 साझा काव्य संग्रह, 4 – साझा काव्य संग्रह (अंग्रेजी), 5 – साझा निबंध काव्य संग्रह, 6 –2 साझा कहानी संग्रह ।
प्रकाशन	:	प्रतिष्ठित समाचार पत्र-पत्रिकाओं में प्रकाशित लगभग 692 रचनाएँ प्रकाशित ।
उपलब्धि	:	1 –विलक्षणा सारथी साहित्य पुरस्कार
		2– कलम का सिपाही सम्मान
		3 –Certificate of Eminence
		4 –Certificare of Emergence
		5 –Certificate of Rising star
		6 –कविता प्रतियोगिता में प्रथम पुरस्कार
		7 –Top Author of the Month Award
		8–आशु कवि उपाधि
		9– वर्ल्ड कर्णधार साहित्य पुरस्कार
लेखन	:	हिन्दी, हरियाणवी, पंजाबी, अंग्रेजी में रचनाएँ लिखना
वर्तमान पता	:	H.No-284, HBC, Model Town, Near Shiv Mandir, Jind Road, Kaithal (Haryana)–136027
मोबाइल	:	9896872258
ई-मेल	:	sukhkamal77@gmail.com

संवाद होना चाहिए

कोई भी हो मुद्दा, चाहे कोई भी हो बात
न वाद, न विवाद, बस संवाद होना चाहिए

देखो, आस- पास विवादों के घने साये हैं
बात -बात पर लड़ने वालों के मेघ छाये हैं
कैसे भी हों जज्बात, संवाद होना चाहिए
न वाद, न विवाद, बस संवाद होना चाहिए

दिलो में भरा है जहर, उगलते कंठ से आग
खामख्वाह ही बनाते हैं, बस बातों की झाग
नफरतों से दूर हो कर संवाद होना चाहिए
न वाद, न विवाद, बस संवाद होना चाहिए

सुनाने वाले सारे हैं, सुनता यहाँ कोई नहीं
सलाहकार है बन जाएँ, जानता कोई नहीं
ध्यानपूर्वक चिंतन कर संवाद होना चाहिए
न वाद, न विवाद, बस संवाद होना चाहिए

सुखविंद्र कसूरवार हैं भोलेपन की आड़ में
कट -कट सारे मर जाएँ, ईर्ष्या की साड़ में
मानवता का ख्याल कर संवाद होना चाहिए
न वाद, न विवाद, बस संवाद होना चाहिए

कोई भी हो मुद्दा, चाहे कोई भी हो बात
न वाद, न विवाद, बस संवाद होना चाहिए

खंजर खाए लगते हो

मुसीबत के मारे लगते हो
तुम चोट- सी खाए लगते हो
नभ में देखें हैं नभचर बहुत
जख्मी पाखी से तुम लगते हो

गैरों को खूब लूटा तुमने
तुम अपनों से ठगे लगते हो
पीठ पर खंजर घोंपने वाले
सीने खंजर खाए लगते हो

मतलबपरस्ती की है हद पार
मतलबपरस्त हुए लगते हो
भूल बैठे थे दुनियादारी
दुनिया याद किए लगते हो

अहं से सिर सदा था ऊँचा
'मैं' चूर- चूर किए लगते हो
बाँधते थे तुम बातों के पुल
बात तले दबे- से लगते हो

सदा सिंह -सा दहाड़ने वाले
भीगी बिल्ली सदृश लगते हो
सुखविन्द्र सीखाते थे तुम
आज खुद सीखे लगते हो

आत्महत्या

कुंठित, विषाद, निराशा, एकांत, नादानी है
आत्महत्या अपरिपक्वता की निशानी है
जब अपना कोई कहर कर्म है कमा जावे
सीने नहीं पर पीठ पीछे खंजर चला जावे
जीवन की राहों में घोर अंधेरा फैला जावे
फिर भी ये खुद की खुद से की बेईमानी है
आत्महत्या अपरिपक्वता की निशानी है
चहुँ ओर चिन्ताओं ने जब डाला घेरा हो
दुनिया में नजर नहीं आ रहा तेरा मेरा हो
सपनों का साकार नहीं हो रहा सवेरा हो
लगे यह देन औरों की दी कारस्तानी है
आत्महत्या अपरिपक्वता की निशानी है
मन विचलित, व्यथित, आहत हो जाए
जब सामने रास्ता नजर कोई नहीं आए
बुद्धि पर काल का साया राह भटकाए
दिलोदिमाग पे छा जाती तब परेशानी है
आत्महत्या अपरिपक्वता की निशानी है
समस्याओं का खुदकुशी कोई हल नहीं
दुर्लभ मानुष जन्म, मिले पुनर्जन्म नहीं
हौसले हो अडिग, उठते ऐसे कदम नहीं
सुखविन्द्र मौत ऐसी मरो बने कुर्बानी हैं
आत्महत्या अपरिपक्वता की निशानी है
कुंठित, विषाद, निराशा, एकांत, नादानी है
आत्महत्या अपरिपक्वता की निशानी है

मुलाकातें होती रहेंगी

मिलें ना मिलें पर दोस्ती जिंदा रहेगी
कुछ दिन ठहर मुलाकातें होती रहेंगी

बेबसी ही सही, पर आज यह जरूरी
जिंदगी रही तो भेंट होती रहेंगी

करते हैं कुशलक्षेम की दुआ खुदा से
कुशल मंगल रहे, बातें होती रहेंगी

हाल बेहाल मेरे मुल्क के हुजूम का
बहाली में शुरुआतें होती रहेंगी

दिन का नहीं पता, रात भी लापता है
खैरियत में दिन - रातें होती रहेंगी

सुखविंद्र अज्ञानी है भविष्यवाणी से
अंधड़ थम गए, राहतें होती रहेंगी

याद आते हैं अफसाने

जब से मिले यार पुराने
छिड़ गए हैं प्रेम तराने
वो ही बातें, बीते किस्से
याद आते हैं अफसाने

सच्ची झूठी वो अफवाहें
ताजा हुई इसी बहाने
वो मौज मस्तियाँ, नजारे
खूब दिए प्रेम नजराने

बेखौफ की मनमर्जियाँ
चोरी जाते जब बुलाने
पकड़ी जाती थी चिट्ठियाँ
रख देते तले सिरहाने

हँसी-ठिठोली, नादानियाँ
हर रोज के नये ठिकाने
जवानी की वो निशानियाँ
लद गए वो हसीं ज़माने

आशिकी भरे दिल हमारे
शमां के हम थे परवाने
सुखविंद्र आँखें हैं गीली
प्रेम राही थे हम दीवाने

बेसहारा पड़े रहे बाहों में

देख कर महबूब पराई बाहों में
गुलाब राह ताकता रहा राहों में

न जाने कितने मुसाफिर चले गए
किसी ने भी उठाया नहीं राहों में

गुजरी हृदय पर नहीं हाल –ए– बयां
हाल –ए –दिल नहीं संभाला राहों में

पीठ पर पीछे से खंजर घोंपते रहे
घायल दिल लिए पड़े रहे राहों में

रसपान यौवन कर जो वो ऊब गए
छोड़ बीच भँवर गए हमें राहों में

नोचता ही रहे जिसे अवसर मिले
सुखविन्द्र बेसहारा पड़े राहों में

देवेंद्र नारायन तिवारी 'देवन'

पिता	:	श्री वीरेंद्र नारायन (संपन्न किसान)
माता	:	श्रीमती गीता तिवारी (कुशल ग्रहणी)
निवास स्थान	:	ग्राम छतेसर, पोस्ट महुआ (210429)
		जिला महोबा, उत्तर प्रदेश।
शिक्षा	:	B.sc. (वनस्पति विज्ञान, जंतु विज्ञान),
		M.sc. (जंतु विज्ञान), Engeenearing (Civil)
सम्प्रति	:	अध्यापन
प्रकाशित कृति	:	आरम्भ (काव्य संग्रह)
रूचियाँ	:	प्रकृति से कवि, पेड़ पौधे तथा वन्यजीवों से अति लगाव।
लेखन	:	काव्य विधाओं के अलावा लघु कथा में
गतिविधियां	:	आर्थिक रूप से कमजोर बालक बालिकाओं को समय देकर निशुल्क शिक्षा देना, ग्रामीण क्षेत्रों तथा निर्धन बच्चों के माता-पिता को बच्चों को स्कूल भेजने के लिए प्रेरित करना।
व्हॉटसएप	:	9125895231
ई-मेल	:	tiwari.dnctr@gmail.com

अन्न दाता किसान

मैं खेतों में अन्न उगाने वाले से मिलवाता हूँ,
आज आपको अन्न के दाता की गाथा सुनावाता हूँ,

काम किया खेतों में दिन भर शाम को घर ये आता है,
कभी-कभी तो थक कर प्यासा भूखा ही सो जाता है,

कई बार कई-कई महीनों तक खेतों में ही काम किया,
खुले आसमान के नीचे ही रात्रि में विश्राम किया,

सर्दी की ठिठुरन में रातों में फसलों को सींचा है,
किस्मत के माथे पर मेहनत की रेखा को खींचा है,

बिखरे बालों पर मिट्टी कूड़े ने डेरा डाला है,
आँखें थकी हुई माथे पर चिंता का रंग काला है,

उसके कालेपन से ही मैं हर दिन भोजन पाता हूँ
आज आपको अन्न उगाने वाले से मिलवाता हूँ,

मूंगफली, तिल, उड़द, बाजरा, मक्का, मसरि, सोया है,
चार गुने दामों को देकर इनमें से कुछ बोया है,

रखवाली करती आँखें जो एक घड़ी को झपक गई,
पशुओं के समूह से आधी फसलें चपट गई,

जो किसान की आँख खुली तो दिल पर पत्थर खाया है,
ऊपर से बारिश ने अपना बेढंग रंग-रूप दिखाया है,

जैसे-तैसे फसलों के पकने की बारी आई है,

पानी ने पत्थर बनकर फसलों पर गाज गिराई है,
बचे खुचे दाने पाकर भी किसान को गिला नहीं,
हद हो गई तब जब उसको कीमत का आधा मिला नहीं,

सत्ता के गलियारे भी सुने पन से भर जाएँगे,
न किसान हो तो आका भी भूखे ही मर जाएँगे

सत्ता वाले कह दे कि मैं भोजन को नहीं खाता हूँ,
आज आपको अन्न के दाता की गाथा सुनावाता हूँ||

मैं किसान का बेटा हूँ पर गहन मौन में खोया हूँ,
मैं भी उसकी पीड़ा में रातों को रो कर सोया हूँ,

मौन टूटता है तब जब सर्वत्र अति हो जाती है,
मेहनत का कोई मोल नहीं उसकी दुर्गति हो जाती है,

आजादी के बाद से सारी चीजें कई – कई गुना बढ़ी,
पर किसान की फसल आज भी कीमत को मोहताज खड़ी

सातवाँ वेतन बढ़ा दिया सरकारों ने सरकारी का,
आत्मदाह ही क्यों होता है कर्ज में डूबे भारी का,

जबकि वह भार उठाता है हर मानव के परिवारों का,
फिर क्यों दाम नहीं मिलता उसको अपने अधिकारों का

विनय निवेदन है मेरा भगवन इतना ही कर दें
कम से कम अन्न के दाता को ग्लानि से भर मरने न दें,

जो दर्द ही दर्द लिए बैठा मैं उसकी बात बताता हूँ,
आज आपको अन्न के दाता की गाथा सुनावाता हूँ।

कलम की आंच

ध्वनि मंद पड़ सकती नहीं, आँखें किसी के दिखाने से,
चाहे कटार हो कंठ पर भय किंचित नहीं इस जमाने से,
हम चुभेंगे वक्ष पर तीखे लगेंगे आपको,
पर सत्य विचलित हो नहीं सकता किसी के डराने से,

हर क्रिया की प्रतिक्रिया का सत्य अनुसरण करे
हो साथ मेरे सृष्टि का जो भरण पोषण करे,
हे पथ प्रदर्शक प्रभु मेरे हर युवा गंभीर हो

साहस मिले हर शख्स को धर्म का आचरण करे,
जब लिखे मेरी कलम तो आग बनकर आँच दे
पथभ्रष्ट पथ से व्यथित भयभीत होकर नाच दे,

इतिहास पढ़ कर देख लें बैठे हैं जो यूँ ऐंठ कर
दुष्कृत्य जैसे कृत्य को मेरी कलम संताप दे,
जब लिखे मेरी कलम तो आग बन कर आँच दे,

निम्नतम निकृष्टतम गुणधर्म जिनके भ्रष्टतम
कर्म कलुषित मनुज को हर शब्द मेरा श्राप दे,
जब लिखे मेरी कलम तो आग बनकर आँच दे,

दुराचार हो व्यभिचार हो दुर्जन का जो सत्कार हो,
तब सिपाही बनके स्याही पंक्तियों में छाप दे
जब लिखे मेरी कलम तो आग बनकर आँच दे,

बस झुके और रुके कवित्व देवन का वहाँ
जो मनुज दम भर जिए संस्कारी साँच से
जब लिखे मेरी कलम तो आग बनकर आँच दे,

एहसास

उथल-पुथल मची हुई है दिल में आजकल
मैं क्या करूं मैं क्या करूं यह सोचता हर पल,
डगर डगर तू ही नजर आ रहा मुझे
क्यों हर घड़ी घड़ी घड़ी तू भा रहा मुझे,

प्रयास हर कदम किया हर बार जा भटका
डगर डगर में घूमकर तुझी पे आ अटका,
करता बयां कविता से में मेरी कहानियां
यूं छा गई परछाई बनकर यह वीरानियां,

लगा मनाने जिंदगी को जो गई मचल
थमी हुई थी जिंदगी हुई उथल पुथल
प्रत्यक्ष ने कहा उसे तू ही मेरा वजूद
तू साथ है तो वर्तमान और भविष्य भूत,

एहसास है अगर तुझे तो और ना सता
तू ही बता मैं क्या करूं बता मुझे बता,
मैं क्या करूं मैं क्या करूं यह सोचता हर पल
उथल-पुथल मची हुई है दिल में आजकल

ऐ जिंदगी

पूछा मैंने एक दिन कि, ऐ जिंदगी
हर बार तू क्यूँ रूठ जाया करती है,
आज बता दे, तू मेरा होकर भी
मुझे क्यों पराया करती है,

ख्वाहिश रखता हूं तुझ से खफा ना रहूं,
तू मुझमें रहे, मैं तुझमें रहूं,
तु मुझसे अलग तो नहीं,
फिर क्यों इतने इम्तिहान लिया करती है।

थक चुका हूं, तेरे दोहरेपन में,
हर बार तू अपनाती है अपने मन में,
तेरे पहलू का हिस्सा हूं कहकर
क्यों मुझसे दूर जाया करती है।

हर बार तू मुझे झूठलाती है,
हर बार तू मुझे तरसाती है,
कोशिश करता हूं तेरा सहारा पाने की
और तू ही किनारा कर जाया करती है,

तेरा साथ तुझे ही निभाना है,
जिंदगी ने कहा मुझे तेरे पीछे ही आना है,
तुझे खुद से खड़ा होना ही है
तेरी हिम्मत से ही तेरी जिंदगी संवरती है।

मैं तेरी हूं, तुझसे अलग नहीं हूं,
जो तू है, मैं भी बस वही हूं,
तेरी नमी में टूटकर

तेरी जिंदगी भी आहैं भर्ती है।
तेरी हिम्मत से ही तेरी जिंदगी सजती है संवरती है।

कृष्ण कुमार द्विवेदी

पिता का नाम	: स्वर्गीय ओवरसियर द्विवेदी
माता का नाम	: स्वर्गीय मुन्नी देवी
जन्मतिथि	: 25/10/1977
जन्म स्थान	: चितरंजन पश्चिम बंगाल
पता	: शांतिनगर, पोस्ट मिहिजाम, थाना मिहिजाम, जिला जामताड़ा राज्य झारखंड पिन कोड : 815354
ईमेल	: kdwivedi86@yahoo.in
मोबाइल	: 8873146870, 6200516924
शिक्षा	: अंग्रेजी में स्नातकोत्तर, वर्तमान में अंग्रेजी विषय में पीएचडी जारी है। बचपन से ही हिंदी विषय से लगाव रहा है।
कार्य	: नेशनल एजुकेशनल वेलफेयर सोसाइटी के अध्यक्ष पिछले 2010 से।
सम्प्रति	: ब्रिलिएंट अकेडमी के निदेशक के तौर पर कार्य कर रहा हूँ। जेजेएस डिग्री कॉलेज मिहिजाम में अंग्रेजी के अतिथि व्याख्याता (Guest Faculty) के रूप में भी कार्यरत हूँ।
सदस्य	: चितरंजन हिंदी साहित्य सेवा मंच के सक्रिय सदस्य। राष्ट्रीय कवि संगम, झारखंड के जामतारा जिला इकाई का सक्रिय सदस्य।

ऐ जिंदगी तू बड़ी अजीब है।

ऐ जिंदगी तू बड़ी अजीब है
तेरे कई रंग, कई रूप, कई चरित्र है
रोड़े तेरे हमसफर
असफलता जीने के मंत्र है
ऐ जिंदगी तू बड़ी अजीब है
दुख तेरा वस्त्र है
मौत तेरी मंजिल
आँसू तेरा अस्त्र है
ऐ जिंदगी तू बड़ी अजीब है
किसी के लिए सरताज है तू
किसी के लिए मोहताज है
किसी को दो जून की
रोटी को तरसाती है
किसी को बिंदास जीवन जिलाती है
ऐ जिंदगी तू बड़ी अजीब है ।
नफरत की आग में
लोगों को जलाती है
खुश रहने वाले दिलों को
गमों से नहलाती है
किसी को ठोकर पे ठोकर देती है
किसी को फूलों का सेज भेंट करती है
ऐ जिंदगी तू बड़ी अजीब है।

आज इतनी बेचैनी क्यों है ?

आज इतनी बेचैनी क्यों है?
दौलत रहते जान बचती नहीं क्यों है?
आज इतनी बेचैनी क्यों है ?
घर में रहने की हिदायत है
हर दरवाजे के बाहर मौत खड़ी क्यों है ?
आज इतनी बेचैनी क्यों है?
पथ पर पग ठहर गए हैं
राहों में सन्नाटा इतना क्यों है?
लाख कोशिशों के बावजूद
हमारी समझदारी हमसे कोसों दूर क्यों है?
आज इतनी बेचैनी क्यों है?
बहुत जी लिए भीड़ में
गप्पें मार लिए किसी मोड़ पे
मौत का खौफ है शाम-ए – सहर में
छुप जा किसी कोने में दोस्त
क्वॉरेंटाइन होना मजबूरी है
खामोश रहना भी जरूरी है
कभी-कभी खामोशी भी जीत दिला जाती है
फिर लॉकडाउन तोड़ना मजबूरी क्यों है?
आज इतनी बेचैनी क्यों है ?

ऐ जिंदगी हमसे बातें कर

ऐ जिंदगी हमसे बातें कर
ख्यालों की रोशनी आती है
मचल – मचल कर
जिन्दगी महँगी होगई है आज
दौलत को सस्ती कर
ऐ जिंदगी हमसे बातें कर
सीने में दबे हुई ज़ज्बात को कह
अपनों के संग रह
गैरों से दूरियाँ बनाकर
ऐ जिंदगी हमसे बातें कर
दर्द– ए – दिल सुना रहा हूँ तुझको
अश्रु बहाया न कर
अश्क बन तेरे पलकों पर बिखर जाऊँगा
सूना हो गया शहर आज
घर को गुलजार कर
ऐ जिंदगी हमसे बातें कर
देखा है मैंने जिंदगी का हर मंजर
मगर देखा नहीं ऐसा सन्नाटा
विरान है हर गली मोहल्ला और मेरा शहर
फिर भी आती हो मुझको नजर
ऐ जिंदगी हमसे बातें कर

तेरा इंतजार करना मुझे अच्छा लगता है

तेरा इंतजार करना मुझे अच्छा लगता है ।
दिलो जां से भी ज्यादा प्यार करना अच्छ लगता है ।।

भूला नहीं हूँ मैं तेरी महकती – बहकती बातें ।
मंजिल की राहों में काँटों का होना अच्छा लगता है ।।

तुझसे हार जाने में भी मिलती है खुशियाँ मुझे ।
तेरी मोहब्बत अक्सर बेचैन करती है मुझे ।।

तेरा इंतजार करना मुझे अच्छा लगता है ।
तेरी यादों में रात काटना अच्छा लगता है ।।

तेरे दीदार के लिए तेरी गली से हम गुजरा किए।
मोहब्बत का बादल मेरा बरसता है अक्सर तेरे लिए।

तेरी चाहतों को अरमान बनाना मुझे अच्छा लगता है ।
तेरा इंतजार करना मुझे अच्छा लगता है ।।

तेरे तसव्वुर में काट रहा हूँ मैं सारे लम्हे।
तुझे खो देने का गम अक्सर सताता है मुझे।।

तन्हाइयों में तेरी बात आसमां से करना अच्छ लगताहै
तेरा इंतजार करना मुझे अच्छ लगता है ।।

ऐ लम्हे

ऐ लम्हे ठहर जा जरा
देख लू जी भर कर उसे
जाने कब से तरसती रही हैं निगाहें
मेरे आँसुओं को बरस जाने दे जरा
ऐ लम्हे ठहर जा जरा
गमों का मंजर है मन में
यादों का खंजर है सीने में
आँखों में अनगिनत ख्वाब है मेरे
उनको मचल जाने दे जरा
ऐ लम्हे ठहर जा जरा
जी चाहता है समेट लू बाहों में उसे
तर -बतर कर दूँ उसे अपने गेसुओ में
दर्द-ए-दिल कहने दे मुझे
जी भर रो लेने दे जरा
ऐ लम्हे ठहर जा जरा
तू नादानी न कर
आँखों में पानी न भर
लम्हे दगा कर जाएँगे
देखते ही देखते दूर कहीं निकल जाएँगे
अश्कों को पलकों पर ठहर जाने दे
जी भर के देख लेने दे जरा
ऐ लम्हे ठहर जा जरा

फिर क्यों तू अजनबी हो गए?

तुम तो अपने थे
फिर क्यों तू अजनबी हो गए
तेरे खातिर
दोस्त भी दुश्मन हो गए
तेरी खुशी मे
हर गम को छुपा लिया मैंने
साथ में मरने जीने की कसमें खा गए
फिर क्यों तू अजनबी हो गए।
साये भी मुझको डराने लगे हैं
धूप जबसे जख्म मुझे देने लगे है
अंधेरा ना हो जाए कयानात तेरे
अपने हिस्से की रोशनी तेरे नाम कर गए
फिर क्यों तू अजनबी हो गए।
तेरी मुस्कुराहटों ने दिल में आग लगा गए
कभी तेरा दर्द तो कभी अपना छुपा गए
फिर क्यों तू अजनबी हो गए।

रेनू सक्सेना 'रेणुका श्री'

माता	:	श्रीमती वीना सक्सेना
पिता	:	स्व . श्री ओम नारायण सक्सेना
जन्म स्थान	:	लखनऊ, उत्तर प्रदेश
शिक्षा	:	एम ए दर्शन शास्त्र (स्वर्ण पदक प्राप्त) एवं हिंदी (स्वर्ण पदक प्राप्त) संगीत प्रभाकर (सितार) शोध कार्यरत ।
संप्रति	:	डी वाय पाटील इंटरनेशनल स्कूल में हिंदी विभागाध्यक्ष। अस्मिता साहित्यिक मंच (राष्ट्रीय) व साहित्य प्रवाह (अंतरराष्ट्रीय मंच) कार्यकारी अध्यक्ष।
लेखन विधा	:	काव्य, कहानी, लघु कथा, लेख, वार्ता, दोहे, संस्मरण ।
प्रकाशित पुस्तकें	:	1) समकालीन काव्य हस्ताक्षर (साझा संग्रह) 2) पृथ्वी के शब्द
गतिविधियाँ	:	समय समय पर विभिन्न समाचार पत्रों व पत्रिकाओं में संपादकीय काव्य, कथा, कहानी, लेख, वार्ता इत्यादि प्रकाशित ।
प्रकाशनाधीन	:	1) काव्य संग्रह 2) लघु कथाओं का विस्तृत आकाश (लघुकथा संग्रह)
साहित्यिक सम्मान	:	1) महामहिम भूतपूर्व राष्ट्रपति श्रीमती प्रतिभा पाटिल जी की अध्यक्षता में उर्वशी बैन जयंती लाल सुरती सम्मान (2007) 2) आकाशवाणी लखनऊ व बड़ोदरा की प्रतिष्ठित वार्ताकार।
संपर्क सूत्र	:	renus . 1009@gmail.com
मोबाइल	:	7021358426

तलाश

एक दिन मैं, सागर किनारे
खड़ी थी चुपचाप, शांत नदी – सी,
देख रही थी तुम्हारी उछल भरी लहरें,
सफेद फेन, उफान और गर्जनाएँ।
मंत्रमुग्ध– सी मैं, तभी फिसल कर,
न जाने कैसे तुम्हारी हो गई,
वह आमंत्रण था या सर्जना,
मैं मीठे से खारी हो गई।
पहले मैं सीमित व्यक्तित्व से संतुष्ट थी
खुश थी, सब की प्यास बुझाती थी।
शांत धारा प्रवाह की स्वामिनी
अपने मीठेपन पर इतराती थी।
आज मैं विशाल व्यक्तित्व की स्वामिनी
थकी हारी –सी हताश,
उठती गिरती लहरों के बीच
है मुझे शांति की तलाश।

सर्वोत्तम कृति.. मानव ?

कहते हैं धरती का मानव,
सृष्टि की सर्वोत्तम कृति है,
पर यह लिखते हुए आज फिर,
कलम मेरी घबराती है ।
कभी विदेशी बाँट गए थे,
दो टुकड़ों में यह घर-बार,
आज स्वयं सौ टुकड़ों में
हम बँटने को बैठे तैयार ।
आज रोशनी मंद पड़ रही,
अंधकार की दिखती जीत,
कहाँ गई जनमानस के मन से,
राम लखन-सी निर्मल प्रीति ।
आदमी पर्याय बन कर,
रह गया है स्वार्थ का,
प्रेम परस्पर मिट गया,
नामो निशान न त्याग का ।
क्या सोच है इंसान की ..
प्लेटो, अरस्तु कह गए,
हर घटना का एक कारण होता,
हमको बनाया ईश्वर ने,
उसका भी कोई स्वार्थ होगा ।
मानव रच कर ईश्वर ने भी,
वाहवाही चाही होगी,
इससे बढ़कर पराकाष्ठा,
स्वार्थ की न दूजी होगी ।
ईश्वर भी आज फिर से,
सोचने पर विवश है, क्या मेरी रचनाओं में,
ये ही मेरी सर्वोत्तम कृति है?

उलझन

मेरी माँ का पति है
पर मेरा बाप नहीं,
मेरे चाचा नहीं है पर
दुनिया सारी को अंकल कहती हूँ मैं।
बड़ी मम्मी का कोई वजूद नहीं
और मौसी का – सा छलावा
करती है हर स्त्री दिखावा।
भाई – भाई को तरसता है
मित्र को भाई मानकर ही
सब्र करता है मन
बहन के लाड से अनजान
सब सखियाँ ही हैं बहन।
अब तो माँ भी अपनी नहीं क्योंकि
मैं सेरोगेट मदर का त्याग हूँ,
देवकी और यशोदा का सा चलन
पर मातृ सुख से अनजान हूँ।
बाप का बीज मुझ में है
इसलिए मुझ में आग है
रिश्तों की गर्माहट से परे
आज सिर्फ भागमभाग है।
वैश्वीकरण के इस दौर में
उलझते रिश्तों को .
कोई कैसे समझे, कैसे सुलझाए
और अपने मन को कैसे मनाए ॥

मेरी कलम की लाज बचाओ

आज इस मंच से मैं कर रही निवेदन,
बंद करना होगा यह मानवीय करुणा क्रंदन।
जहाँ हुआ करते थे रोज होम यज्ञ और हवन,
वहाँ हो रहा है प्रतिक्षण मानवता का हनन।
चीन और कश्मीर के झगड़े, पड़ोसियों से बढ़ते खतरे,
क्यों नोच रहे हैं भाई – भाई के खून के कतरे।
हम तो वसुधैव कुटुंबकम के मानने वाले हैं,
अपनी माँ के रक्षक दिलेर सिपाही हैं।
हमने तो प्यार से मिलकर रहना,
यही सीखा और सिखाया है,
हम ही तो कल की रोशनी के रखवाले हैं।
मेरे भाइयों मेरे देशवासियों,
जाति, धर्म, द्वेष की बात मत करो।
हमें एकता की बाती को, प्यार के तेल से सींचना होगा,
तभी तो कल की रोशनी देखना नसीब होगा।
आपसी झगड़ों में अपनी पहचान मत मिटाओ
अपने संस्कारों को मत भुलाओ,
कल की पीढ़ी को क्या जवाब दोगे
जब खुद सिर्फ इर्ष्या ही बोओगे।
कहते हैं कलम में ताकत होती है
तो आज हर मंच पुकार रहा है
आपसे विनती कर रहा है
एक माँ के कलेजे को मत काटो
आपसी भेदभाव को उतार फेंको।
अरे बढ़ाना है तो परस्पर प्रेम और भाईचारे को बढ़ाओ
ऐसे पुण्य कर्म के लिए कोई तो आगे आओ
कोई तो आगे आओ
मेरी कलम की लाज बचाओ

कड़वाहट

हमारे पड़ोस में रहते थे एक करीम भाई
हमने हर साल उनकी ईद की सेवइयाँ खूब खाई
वह हमें ईदी देते,
हम सब खुशी – खुशी ईद के मेले में जाते,
हमने से कोई बंदूक वाला सिपाही,
कोई तोप,
कोई नाचने वाली गुड़िया लेते।
हम सब एक साथ मिल खाना खाते,
करीमन चाची हमें दुलारती,
चचा हमें कहानी किस्से सुनाते,
और हम न जाने कब
उनकी ही गोद में सो जाते।
हमें जिस बेसब्री से ईद और ईदी का,
चाचा जान को हमारी
गुझियों और रंग का इंतजार होता।
पर इस बार
यह कैसी होली आई,
न चाची जान आईं,
न कपड़े तोहफ़े लाई
न रंग खेला न गुजियाँ खाई
सच हमें तो तनिक भी न भाई।
हमने झांक कर जो देखा,
पता नहीं सच था या धोखा,
चाचा आपा को डाँट रहे थे,
खबरदार जो रंग खेला,
अगर तुमने उधर झांक कर भी देखा।
अल्लाह कसम आँख फोड़ दूंगा,
टांग तोड़ दूंगा,

सब जलाकर राख कर दूंगा।
अब दिवाली क्या और क्या होली,
जब भाई – भाई को मार रहा हो गोली
आज पड़ोसी – पड़ोसी का है दुश्मन
जबकि हम एक हैं एक हमारा वतन।
ये मंदिर– मस्जिद के झगड़े
खत्म करने होंगे
यह जाति धर्म के पचड़े
खत्म करनी होगी मन की खटास
लानी होगी वही सिवइयों वाली मिठास
क्योंकि लड़े अगर भाई – भाई पड़ोसी
ऐसी हरकत करें अच्छी
तो होली और दिवाली ईद का कोई अर्थ नहीं रह जाता।
यह त्यौहार तो प्यार बढ़ाने के बहाने हैं
अपनों को और करीब लाना सिखाते हैं
. तभी छुटके ने पल्लू खींच कर कहा
मुझे नहीं खेलनी होली
मुझे नहीं खानी सिवैया
मुझे तो करीमन चच्ची जान की गोद में सोना है
पर चाचा जान से मुझे अब डर लगता है।

ऋतु असूजा

वर्तमान निवास	:	देवभूमि उत्तराखण्ड, ऋषिकेश
शिक्षा	:	मसूरी, M.P.G. College
स्नातक	:	हिन्दी, अंग्रेजी एवं अर्थशास्त्र
रुचियाँ	:	प्रकृति प्रेमी

ऋषियों की तपस्थली उत्तराखण्ड की हसीन वादियों का सानिध्य मिला। उत्तराखंड की समृद्ध प्रकृति भारत का सरताज हिमालय, पतित, पावनी, अमृतमयी मां गंगा का आशीर्वाद बद्रीनाथ, केदारनाथ आदि तीर्थ स्थलों की भूमि के दिव्य तेज का प्रकाश, प्रकृति एवं परमात्मा का संपूर्ण आशीर्वाद।

उपलब्धियाँ : पत्र-पत्रिकाओं में लेख प्रकाशित, वर्तमान में इन्टरनेट पर स्वयं का ब्लॉग नाम – ऊँचाईयाँ शीर्ष की, साहित्य को समर्पित iBlogger के द्वारा बेस्ट ब्लॉगर का प्रमाण पत्र प्राप्त होना और 'द साहित्य' द्वारा पूर्ण समर्थन प्राप्त होना और कई लेख प्रकाशित करने का सहयोग प्राप्त होते रहना निरंतर प्राप्त होता रहता है।

सरगम

सरगम जीवन के सफर में
रहेगा, अनगिनत, अनजाने
अनहोनी, अनकहे मोड़ों का
आना-जाना, देखो तुम मत घबराना
थोड़ा संभलकर, थोड़ा ठहर कर चलना
वक्त का काम है आना-जाना
जीवन के हर साज़ पर तुम गुनगुनाना
गीत की रीत जीवन में संगीत
सात सुरों की सरगम
पर राग भैरवी की दीद
मेघ मलहार की धुन पर मंत्र मुग्ध
साज सजाना की अम्बर भी
होकर मस्ताना श्वेत मखमली
मेघों की ओढ़नी ओढ़ कर
अम्बर में दामिनी की
तरंगों के संग आरम्भ कर दे
नील गगन को करके अपने
वियोग में शायराना
वर्षा के रूप में आरम्भ कर दे नीर रूपी अश्रु बहाना
सारे संकटों मुश्किलों से धैर्यपूर्वक
करके सामना जीवन की हर जंग
से ऐ मानव, तुम जीत जाना
तुममें ही निहित है असीम
शक्तियों का खजाना
बेशक तराशने की हद
से बेहद तक गुजर जाना
याद करेगा जमाना जब चमकोगे तुम
कोहिनूर की तरह नायाब बन जाना।

श्रम ही कर्म

श्रम साध्य हूँ मैं
श्रम आराध्य हूँ मैं
श्रम से ही मिटती है
श्रमिक के जीवन
की हर यातना
होकर मजबूर
बनकर मजदूर
अपनों से दूर
जीविका की खातिर
रुख करता हूँ शहरों की ओर
गांव की शांति से दूर शहरों का
भयावह शोर, ढालता हूँ स्वयं को
तपाता हूँ तन को, बहलाता हूँ मन को
शहरों की विशाल, भव्य इमारतों में
मुझ श्रमिक का रक्त पसीना भी छीना
जाता शहरों की प्रगति और समृद्धि की
नींव मुझ जैसे अनगिनत श्रमिकों की देन है
कभी –कभी शहर की भीड़ में खो जाता हूँ
जब किसी महामारी के काल में, बैचैन, व्याकुल
पैदल ही लौट चलता हूँ, मीलों –मील अपनों
के पास अपने गाँव अपने घर अपनों के बीच
अपनत्व की चाह में, अपनों की परवाह लिए ....

भारतीय परम्परा विचारों की सम्पदा

भारतीय परम्परा का अद्भुत
रूप अलौकिक संसार
श्रेष्ठ विचारों की सम्पदा
जीवन जीने का सिद्धांत
उच्च संस्कार।
परस्पर प्रेम निस्वार्थ स्नेह
एवं विश्व कल्याण जीवन का आधार।
बहुमूल्य उद्देश्यों की सिद्धि
मंगल कामनाओं का श्रृंगार।
विधियाँ जिनसे मिलती है
निधियाँ जीवन की समृद्धियाँ
दैवीय गुणों का भंडार।
मानसिक संकल्पों का
दिव्य प्रभाव, स्वतः ही
दूर होते जिससे कुप्रभाव
सरलता, तरलता, सरसता
संग व्यवहार जीवन
जीने का आधार
जीवन जीने की कला
साकारात्मक विचारों का संग
हर दुविधा का अंत, केनवास पर प्रत्येक
रंग का चित्र उतार
जीवन को देकर
नया रूप, नवीन आकार।
भारतीय परम्परा श्रेष्ठतम जीवन
जीने का देती उदाहरण
सर्व कल्याण की सम्पदा का
अतुलनीय भंडार।

आत्मनिर्भरता

आत्मनिर्भरता के गुण से
प्राप्त होती है सिद्धियाँ जनसे
पनपती हैं जीवन की समृद्धियाँ
स्वाभिमान की पूँजी के संग
आत्म सम्मान का रंग
जब लहराती है विजय पताका
बनकर अनन्त आकाश में
तब सार्थक होता है
कर्मठता का श्रम
घने फलदार वृक्ष की शीतल
छाँव फलित होती है
कल्पवृक्ष बनकर
छत्रछाया में जिसकी
समृद्ध होती है पीढ़ियाँ
आत्मनिर्भरता संरक्षण का
विशाल वट वृक्ष बन युगों – युगों
तक प्रेरित करता है आने वाली
पीढ़ियों को स्वावलंबी बनने
के गुण सिखाता है
मनुष्य जीवन की सबसे
महत्वपूर्ण पूँजी सफल जीवन
की कुँजी आत्मनिर्भर बनने की
पूँजी स्वतंत्रता की दिव्य मशाल
स्वाबलंबन की अद्भुत शान
जीवन का उत्थान।

बेटियाँ

कहूँ क्या होती हैं बेटियाँ
समंदर की चंचल लहर कहूँ
या निकलते हुए सूरज की पहर कहूँ
उन्हें चिड़ियों की चहचहाट कहूँ
या झीलों की झनझनाहट कहूँ

क्या कहूँ क्या होती है बेटियाँ
होठों पे खिली मुस्कान कहूँ
या खुशियों की दुकान कहूँ
आँ गन में खिली धूप कहूँ
या अपना ही कोई रूप कहूँ

क्या कहूँ क्या होती हैं बेटियाँ
तन्हाई की आवाज कहूँ
या अपने सर का ताज कहूँ
बागों की खिलती कली कहूँ
या सबकी लाडली कहूँ

क्या कहूँ क्या होती हैं बेटियाँ
कोयल की मीठी तान कहूँ
या आसमान का चमकता सितारा कहूँ
क्या कहूँ क्या होती हैं बेटियाँ
आँख का तारा कहूँ
या अपने घर की शान कहूँ

जीने के बहाने

शीतल हवा का झोंका
बेहतरीन था मौका
खिड़की में, मैं खड़ी थी
नज़रे पार्क पर गड़ी थीं
पार्क की हरियाली मन
मोह रही थी प्रकृति भी
समृद्ध थी सुनहरी मनमोहक
अप्सराओं सी रंगीली तितलियाँ
भी मन को खूब लुभा रही थीं
उनकी अदाकारी चुरा रही थीं
जिंदगियाँ तो वास्तव में प्रकृति के
सानिध्य में फलित हो रही थीं
खुशहाली का पैग़ाम देकर
जिंदादिली की मिसाल दे रही थीं
जीने की ख्वाहिश जगा रही थी
प्रकृति को मैं नजर भर कर निहार रही थी
जो सीधे मेरे दिल में उतर रही थी
जिन्दगी जीने के बहाने तो बहुत हैं
किसी साज़ पर सुर तो सजा
गुनगुनाने को फसाने बहुत हैं
डूबते तो बहुत हैं नैय्या को पार
लगाने वाले ही सदा रहते श्रेष्ठ हैं
जीने की वजह ढूंढने की बजाय
किसी के जीने को वजह बन जा
जिन्दगी जीने के बहाने बहुत हैं ।

शिवम मिश्रा

जन्म तिथि	: 03 अगस्त, 1999
जन्म स्थान	: मदनपुर, रायबरेली उत्तर प्रदेश
शिक्षा	: बी. एससी. (कम्प्यूटर एप्लिकेशन और गणित)
लेखन विधा	: कविता
सम्प्रति	: मैं वर्तमान समय में हिंदी साहित्य वैकल्पिक विषय से यूपीएससी की तैयारी कर रहा हूँ। मुझे साहित्य पढ़ने में बचपन से रुचि थी और मैं अब कविताएं भी लिखता हूँ।
मोबाईल नम्बर	: 8707874674
ईमेल	: mathematician485@gmail.com

बेक़सूर

इस दुनिया से मैं रूठ –सा गया हूँ,

अंदर ही अंदर टूट– सा गया हूँ,

सब कुछ अब व्यर्थ –सा लगने लगा है,

जब से उन बच्चों का चलचित्र मेरे मन में चलने लगा है।

उन मासूम बच्चों की क्या गलती थी,

जिनके नन्हें पाँव तपती धूप में चलने को थे मजबूर,

अधूरे सपनों को लेकर चल पड़े थे,

उन्हें न मौत का डर था,

क्योंकि उनके जहन में खटकता ये वीरान शहर था,

तपती सड़कें, मीलों का दर्दनाक सफर और नन्हें पाँव,

न पैरों में चप्पल थी, न सिर पर छाँव,

उन्हें सिर्फ याद आता था अपना वो गाँव ।

पास में बस सूखी रोटियाँ थीं,

चलते–चलते वो गये थे टूट,

बचपन को अपने गए थे भूल,

बेबसी में भूख से लड़ते हुए चल पड़े थे बेक़सूर,

बस एक ही सपना था मन में,

घर पहुँचना है हमें ।

हाँ, मैंने प्रकृति को ढलते देखा है

हाँ, मैंने प्रकृति को ढलते देखा है,
हाँथों की जीवन रेखा को बदलते देखा है,
जो कल को आजाद परिंदे की तरह थे,
आज उनको पिंजरे में तड़पते देखा है,
हाँ, मैंने प्रकृति को ढलते देखा है।
मैंने बादल को घिरते देखा है,
चिड़ियों को चहकते देखा है,
सागर की लहरों को मचलते देखा है,
इस परिंदे ने प्रकृति को किया अनदेखा है,
हाँ, मैंने प्रकृति को ढलते देखा है।

मैंने फूलों को महकते देखा है,
नदियों को बहते देखा है,
उपवनों की सुंदरता को निखरते देखा है,
हम सब ने प्रकृति के साथ किया धोखा है,
हाँ, मैंने प्रकृति को ढलते देखा है।
मैंने आँसुओं को बहते देखा है,
प्यासों को सड़कों पर चलते देखा है,
मानवता को घुट-घुट कर मरते देखा है,
लोगों को सिर्फ हिन्दू-मुसलमां करते देखा है,
हाँ, मैंने प्रकृति को ढलते देखा है।

अधूरा प्यार

यूँ ही जब शाम को छत पर बैठा रहता हूँ,
तुम्हारे ही ख़यालों में डूबा रहता हूँ,

मन ही मन में तुमसे बातें करता हूँ,
तुम मेरी फ़िक्र करो या न करो,

मैं तो बस तुम्हें ही रचा करता हूँ।
एक अरसा हो गया देखे तुम्हें,

इस आसमाँ में कहीं तुम खो –सी गयी हो,
आज बारिश की बूँदों ने कहा मुझसे कि
छिपकर बादलों में आज..तुम फिर से रो रही हो।

तेरी याद

तू वो फूल है जो मुरझा नहीं सकती,
तेरी महक यूँ ही जा नहीं सकती,

एहसास दिलाती है हर जगह होने का तू,
हर कली में तेरी महक आ नहीं सकती।

बरसात के मौसम में अपना एहसास तू दिलाती है,
दो पल की दूरी भी तन्हाइयों का आलम लाती है,

हर बूँद में तेरी सूरत नज़र आती है,
तू यूँ ही चली तो गयी पर तेरी याद अभी भी सताती है।

तुम बिन मैं अधूरा रह जाऊँगा,
बातों ही बातों में सब कुछ कह जाऊँगा,

यूँ तो अब मैंने जीने की चाहत छोड़ दी है,
क्योंकि तेरे बिन एक पल भी न जी पाऊँगा।

मेरा गाँव

कितना सुन्दर है मेरा गाँव
लहलहाती फसलें हैं,
पेड़ों में फले हैं जामुन और आम,
कितना सुन्दर है मेरा गाँव।

जहाँ घर मेरा है,
वहीं एक बुलबुल का भी डेरा है,
अक्सर कौवे भी करते हैं काँव-काँव,
कितना सुन्दर है मेरा गाँव।

हर तरफ प्रकृति की माया है,
कहीं धूप तो कहीं छाया है,
कभी चलने पर जलते हैं पाँव,
कितना सुन्दर है मेरा गाँव।

जुगनू की रोशनी से चमकता है गाँव,
रंग-बिरंगी तितलियाँ हैं..
और है बरगद की छाँव,
कितना सुन्दर है मेरा गाँव।

बुजुर्गों की गालियाँ हैं,
उनकी अनोखी कहानियाँ हैं..
उन्हें पता है जीवन जीने के सारे दाँव,
कितना सुन्दर है मेरा गाँव।

मेरे सपने

मैं अब पिंजरे से निकलना चाहता हूँ,
जीवन में कुछ सपने देखना चाहता हूँ,
अपने परों को फैला कर मैं,
आजाद परिंदे की तरह उड़ना चाहता हूँ।

आसमान को छूना चाहता हूँ,
जिंदगी को जीना चाहता हूँ
जो सपने देखा हूँ मैं,
उन सपनों को हकीकत में बदलना चाहता हूँ।

नदियों की तरह बहना चाहता हूँ,
कोयल की तरह कूकना चाहता हूँ,
जो वृक्ष तूफानों से लड़ना जानते है,
उन वृक्षों – सा बनना चाहता हूँ।

प्रकृति की तरह उदार होना चाहता हूँ,
माँ का प्यार होना चाहता हूँ,
चुनौतियों से लड़कर मैं,
अपने जीवन का सार होना चाहता हूँ।

पृथ्वी – सा आकार चाहता हूँ,
खुशियों का संसार चाहता हूँ,
जो दीपक अन्धकार को मिटा दे,
उस दीपक – सा प्रकाश चाहता हूँ।

अपने पथ पर चलना चाहता हूँ,
निरन्तर आगे बढ़ना चाहता हूँ,
हजारों ठोकरें भले ही सहनी पड़े मुझे,
पर अपनी मंज़िल को पाना चाहता हूँ।

लोगों के होंठों पर मुस्कान चाहता हूँ,
वेदों का ज्ञान चाहता हूँ,
सारे आडम्बरों से दूर होकर,
मैं मुक्ति का मार्ग चाहता हूँ।

डॉ. मीनू पूनिया

जन्म	:	8 मई 1989 को हरियाणा के जिला भिवानी के गांव जूई खुर्द में।
पति	:	राजेश पूनिया (महासचिव, काव्या खेल गांव संस्थान राजस्थान एवं ए.बी.वी.पी.के पूर्व जिला सहसंयोजक, चुरू)।
संपर्क	:	meenukumari.poonia2@gmail.com
मो.न.	:	9414421661, 9214421661
पत्राचार	:	वार्ड न. 3, माता मण्डी के पास, सादुलपुर, चुरू, राजस्थान
शिक्षा	:	स्नातकोतर (अंग्रेजी, हिन्दी, समाजशास्त्र, लोकप्रशासन), बी.एड., ए.डी.सी.ए.।
व्यवसाय	:	सैन्ट्रल को ऑपरेटिव बैंक जयपुर, राजस्थान में कार्यरत।
खेल उपलब्धि	:	मार्शल आर्ट की अन्तर्राष्ट्रीय स्वर्ण पदक विजेता एवं पूर्व में राष्ट्रीय महिला क्रिकेट टीम की सदस्य।
रिकोर्ड्स/सम्मान	:	इण्डिया बुक ऑफ रिकोर्ड्स 2017, नेशन प्राईड बुक ऑफ रिकोर्ड्स 2019, वर्ल्ड किंग बुक ऑफ रिकोर्ड्स 2017, वर्ल्ड रिकोर्ड यूनिर्वसिटी लंदन से डॉक्टरेट की मानद उपाधि, इण्डियाज ग्रेट लीडर अवार्ड 2018, रेड एफ.एम. 94.3 द्वारा सम्मानित, सशक्त नारी सम्मान 2019, विमेन ऑफ दी फ्यूचर अवार्ड 2019, अभिजना साहित्य सम्मान 2019
व्यक्तित्व पर लेख	:	Future Visionary Leader For India, Global Elite Media Magazine Australia, हरफनमौला मीनू पूनिया, भारतीय खिलाड़ी बेटियां।
सम्पादित संग्रह	:	मेरे अहसास, व्यंग्य की नई धार, आत्म जागरूक नारी समृद्ध भारत, साझा काव्य संग्रह (अभिजना, काव्य प्रभा, रिश्तों का ताना–बाना, दिव्य चेतना)।

नौकरी

चला गया प्राचीन काल और
आ गया नया आधुनिक युग,
सुख –शांति सब सपनों में रह गयी
भौतिकवाद में सबकी जिन्दगी बह गयी,
सुबह से शाम बस काम ही काम
अपनों से बतियाना सिर्फ बहाना हो गया,
परिवार के साथ बिताने को भी समय नहीं
एंड्रॉयड फोन से ही सब बातें कह गये,
न भूख लगी समय पर इंसान को
न ही कभी पूरी नींद हो पाए,
यस बॉस, यस बॉस के चक्कर में
दिन से रात, रात से दिन हो जाए,
पत्नी राह देखे पति के घर आने की
पति कैसे अपनी नौकरी बचाए,
बच्चे जिद्द करें पिकनिक पर जाने की
कैसे बेचारा इंसान जीवन में सामंजस्य बिठाए,
खुश तो वह भी रहना चाहे लेकिन
नौकरी के बिना कैसे आजीविका चलाए,
इसी आजीविका के लिये नौकरी में
“यस बॉस, यस बॉस” बस बोलता ही जाए,
यही तो पहचान आधुनिकता की
चाह कर भी इंसान खुश रह नहीं पाए,
बेचैनी छाई रहे सदैव दिमाग पर
बिना गोली लिये रात को नींद भी ना आए।

नया साल नया सवेरा

हर साल 31 दिसंबर की रात को
सब जगह नए साल के समारोह रखे जाते हैं,
नये साल के सुस्वागतम में
सभी मदमस्त हो जाते हैं,
सदियों की चली परंपरा को ही
हम सब खुशी से निभाते हैं,
अपने अंदर की कमियों को
क्यूं नहीं इस दिन छोड पाते हैं ?
नये साल के स्वागत के नाम पर
शराब को पानी जैसे बहाते हैं,
महँगे – महँगे रेस्तरां बुक करके
मेहनत की कमाई हम उडाते हैं,
आओ आज संकल्प लें हम
नया साल नये सिरे से मनाएँगे,
एक–एक बुराई अपनी तजकर
हमारा भविष्य चमकाएँगे,
सामाजिक कुरीतियों से लडकर
अंधविश्वास दूर भगाएँगे,
नर –नारी को समानता देकर
भारत को जगमगाएँगे ।

बेचैन कागज

दर्द मेरा कागज पर
थोक के भाव बिकता रहा,
लेकिन मैं बेचैन था
जो रातभर लिखता रहा,
छू रहे थे तब सभी
बुलंदियाँ आसमान की,
मैं सितारों के बीच
चाँद की तरह छिपता रहा,
दरख्त होता तो कब का
टूट कर गिर गया होता,
मैं था नाजुक डाली, जो
सबके आगे झुकता रहा,
बदला यहाँ लोगों ने रंग
अपने-अपने लिबास से,
रंग मेरा भी निखरा पर
मैं मेहंदी की तरह पीसता रहा,
जिनको जल्दी थी वो
बढ चले मंजिल की ओर,
मैं वहीं पर समुन्द्र से राज
गहराई के सीखता रहा,
मैं था आसमान जिसने
सितारों को चमकने दिया,
सितारों ने आसमान से दगा कर
प्रियतमा धरती को चमका दिया।

जन्मदायी माँ

अपने शरीर के दो हिस्से करके
धरती पर हमको लाती है माँ,
नौ माह कोख में अपनी
नाल से हमें सींचती है माँ,
जी घबराए, जी मितलाए चाहे
बदन दर्द में भी मुस्कुराती है माँ,
बूँद खून की पाले अपने गर्भ में
सुरक्षादात्री कहलाती है माँ,
हमें लाने खातिर मरकर जी उठती
अपने जिस्म से अलग हमें करती है माँ,
हमारे लिए अपनी हर इच्छा दबाती
गर्भस्थ शिशु को ऐसे पालती है माँ,
दिन रात हमारे लिये मेहनत करती
थककर बहुत बार भूखी भी सो जाती है माँ,
भोर फटते ही हमारे लिये जग जाती
स्वयं लेकिन दोपहर बाद नहाती है माँ,
मिले रब तो माँगे सिर्फ खुशी हमारी
मुस्कान देखकर हमारी संतुष्ट है माँ,
माँ का विकल्प नहीं इस जग में
जगत जननी पालनहारी है माँ,
हर हाल में मुस्कुराकर वात्सल्य बाँटे
हर घर को बनाती जन्नत है माँ।

मेरा मत मेरा अधिकार

आओ सब मिलकर करें
मतदान का सही प्रयोग,
न समझें इसे सिर्फ प्रयोग
आओ मानें इसे मौलिक अधिकार,
हमारे एक मत में जीत सुनिश्चित
एक मत में ही सुनिश्चित हार,
इसी से गिरता कोई गड्ढे में और
इसी से ही होता बेड़ा पार,
आओ कसम लें हम मिलकर
नहीं बेचेंगे अपना वोट,
ईमानदार नेता को चुनेंगे
नहीं चुनेंगे जिसमें होगी खोट,
हमें कोई खरीदना भी चाहे तो
हम नहीं मानेंगे किसी का दबाव,
चाहे कोई राजनीतिक पार्टी हो
चाहे या हो कोई शाही नवाब,
हमारे मत का सही इस्तेमाल करेंगे
जनता के लिए हमराही चुनेंगे,
न बँधेंगे किसी पार्टी या नेता से
साफ छवि को हमारा मुखिया कहेंगे।

मेरा "मैं"

वर्तमान और भूत के नर-नार में
अच्छा खासा बदलाव नजर आता है,
पहले जो सुनता था बडे.बुजुर्गों को
आज स्वयं को मेरा "मैं'' में फँसा पाता है,
पड़ोस के विद्वान विभूति से वह
पहले राय लिया करता था,
नये कार्य में बार-बार पूछ कर
सफलता की सीढ़ी भी चढ़ा करता था,
आज वहीं फँस गया "मैं'' के भँवर में
निज यश से ज्यादा कुछ मानता ही नहीं,
गलत करके नुकसान भुगत लेगा लेकिन
''मैं'' के चलते कहीं झुकता ही नहीं,
अपना गुरू भी टैक्नोलोजी को ही बना लिया
हर नर मोदी का फेसबुक पर फोलोअर बन गया,
नैट ने सबके दिमाग का विस्तार कर दिया
हर कोई बन राजनेता सुप्रभात देशवासियों कह गया,
किसी से बतियाने का किसी को समय नहीं
ना ही कोई ऊँचा कोई नीचा रह गया,
सैल्फी ने बदल दिया रंग सबके चेहरों का
''मैं'' की झूठी प्रोफाईल से सब तार-तार हो गया।

प्रफुल्ल कुमार पाण्डेय

पता	:	गाजाधारपुर वाराणसी, उत्तर प्रदेश
पिता	:	स्वर्गीय दयानाथ पांडेय
माता	:	निर्मला पांडेय
फोन	:	7522037511
ईमेल	:	pandeamit201@gmail.com
शिक्षा	:	इंटरमीडिएट

मोहब्बत

दिल से हो तो धड़कन बन जाती है
लबों से हो तो दुआ बन जाती है
आरजुओं से हो तो अरमान बन जाते हैं
आँखों से हो तो ख्वाब बन जाते हैं

जिस्म से हो तो स्वार्थ बन जाता है
बिना किसी बंदिशों के हो तो रूह बन जाती है
साँसों से हो तो नगमा बन जाती है
चेहरे से हो तो तस्वीर बन जाती है

अधूरी रह जाए तो रुसवाई बन जाती है
कभी सदाएँ तो कभी आह बन जाती है
दूर हो तो बेताबियाँ बन जाती है
पास हो तो बेचैनियाँ बन जाती है

हर पल होठों पर नाम आए तो इबादत बन जाती है
सर मेहबूब के सजदे में झुके तो खुदा बन जाती है

क्या हुआ

ख्वाहिशें अधूरी हैं तो क्या हुआ
जीने की तलब तो अब भी है
राहें खो गईं तो क्या हुआ
मेरे क़दम तो साथ हैं
नहीं कोई उम्मीद रौशनी की
मेरे दुनिया में चाँदनी की रात तो है
रूठा हुआ नसीब है तो क्या हुआ
मेरे हाथों की लकीर तो मेरे पास है
चन्द दिन की जिन्दगी है तो क्या हुआ
मुस्कुराकर जीने में क्या जाता है
मंजिल खो गई तो क्या हुआ
रास्ते तो अब भी मेरे साथ है
सूरज की किरणें ढल गई तो क्या हुआ
आशाओं के दीए जले तो हैं
पीछे रह गए तो क्या हुआ
हमें भी तो दौड़ लगाना आता है
थोड़ी देर ठहर ही गए तो क्या हुआ
काँटों से लड़ना सीखा तो है
अपनों के चोट से जख्मी हुए तो क्या हुआ
दर्द को अपने दवा बनाया तो है
इबादत अधूरी है तो क्या हुआ
मेरा खुदा तो मेरे पास है
दिल टूटकर बिखरा है तो क्या हुआ
मेरी धड़कनें खामोश तो नहीं हैं
किस्मत के पन्ने कोरे हैं तो क्या हुआ
लिखना मुझे भी तो आता है
कोई नहीं है अपना तो क्या हुआ
मेरे साए तो मेरे साथ हैं

किसान

आग की तपिश में जला है,
फिर भी राहों में चल पड़ा है
धरती की अग्नि पैरों को जला रही है,
फिर भी पैरों के कंधो पर
जिंदगी चल पड़ी है
कुछ पाने की ललक में इंसान के
काफिले राहों में सफर कर रहे है,
आँधियों तूफानों के थपेड़ों से सम्हलते हुए
अपनी डगर चल पड़े हैं
किसी को इनकी फिक्र नहीं,
ये अपना ख्याल खुद रखते हैं
अपने खून पसीने से लोगों के पेट भरते हैं

कल रात बड़ी हसीन थी

चाँद की रौशनी में
चमक रही चाँदनी थी
पलकों पर ख्वाबों का
आँखों में बसेरा था
नींद में पूरी हुई
अरमानों की अमानत थी
जब खुली नजरें तब हक़ीक़त की
परछाई नजर आई थी
सितारों से सजी आसमान में
ख्वाहिशों से सजी रात थी
कुछ देर ही सही
मगर हसरतों की
खिली कली थी
होठों पर जो आयी मुस्कान थी
बड़ी ही राहत वाली थी
दिल की आरजू पूरी हुई नहीं थी
लेकिन वो कसक……

मन

मन का क्या है
मन बैरी है
बस अपनी धुन में
मगन रहता है
जिंदगी का क्या है
जिंदगी बेवफा है
आज है कल होगा या नहीं
वक़्त का क्या है
वक़्त तो बहता पानी है
कभी किनारे पर ला दे
कभी मँझधार में छोड़ जाए
दिल का क्या है दिल तो
धड़कता ही रहता है
टूटने का दर्द होता है
बिखरने की कोई गूँज नहीं
सुख का क्या है
कुछ देर की रौशनी है
फिर तो दुखों की ही चाँदनी है

मायने

रूठा है चाँद,
रूठी है चाँदनी
जला है तन
रोता है मन
टूटा है ख्वाब
खुली है आँखें
अधरों से मिटी है
मुस्कान,
आह की सिसकियाँ
चली हैं
तूफानों से
दो–दो हाथ हुए हैं,
साहिल के हौसले
बुलन्द हैं
स्याह काली रात है,
अंधकार में दीप
जला है
दरिया का शोर
गूँज रहा है,
किनारे पर आयी
एक लहर है
खुद को टटोले रूह,
क्या जीने के मायने हैं

दिनेश सिंह नेगी

जन्म तिथि	:	03 अगस्त 1993
जन्म स्थान	:	जोशीमठ (बद्रीनाथ), जिला चमोली गढ़वाल, (देवभूमि उत्तराखंड)
शिक्षा	:	पुस्तकालय एवं सूचना विज्ञान में (मास्टर) स्नातकोत्तर, विज्ञान वर्ग में स्नातक।
कार्यरत	:	अध्ययनकार्य व लेखनकार्य।
कृतियाँ	:	ऑनलाइन हिंदी प्रतिलिपि पेज पर अब तक 36 कवितायें, कहानियाँ एवं अन्य लेख प्रकाशित हो चुके हैं।
लेखन विधा	:	स्वरचित चंद पंक्तियाँ, कवितायें (100 से ऊपर), कहानियाँ, यात्रा-वृतांत, विचार एवं अन्य समाज से जुड़े लेख (50 के ऊपर) लिख चुका हूँ और साथ ही मैं समाज हर आम विषय पर लिखता रहता हूँ।
रचना क्रम	:	मैं अपनी रचनाओं को सोशल मीडिया के माध्यम से व अपने विद्यार्थियों को और मेरे साथ जुड़े समाज के अन्य लोगों को के बीच शेयर करने का प्रयास करता हूँ, ताकि वे प्रेरित हो।
रुचि	:	कविताएँ, कहानियाँ, विचारों को लिखना ओर विद्यार्थियों, युवाओं से सीधे संवाद के माध्यम से संपर्क करने में और अपने गढ़वाली-हिन्दी भाषा, साहित्य-संस्कृति, पर्यावरण अध्ययन, हर प्रकार के सामाजिक विषयों पर गहन रुचि रखता हूँ।
सम्पर्क सूत्र	:	आमवाला तरला, निकट- रायपुर सड़क मार्ग, जिला- देहरादून (देवभूमि उत्तराखण्ड), पिनकोड –248008
ई-मेल	:	dineshsingh3893@gmail.com
दूरभाष नंबर	:	9634999029

पहाड़ों की सर्दी

कंपकंपी सी पहाड़ों की सर्दी
तन-मन में लगी ठंड की जर्दी
बदन में कसी हुयी मोटी सी वर्दी
दस्तक धूप की चलती अपनी मर्जी

चलती ठंड हवाओं का शीत लहर
इन सर्द बर्फीले तूफानों का कहर
ढूंढते हैं ठिकाना हम धूपों के शहर
धूप के आँचल में कट जाती दोपहर

हुस्न-सा पहाड़ कर रहे बर्फानंदन
ठंड हवाओं का झोंका सा तन-बदन
ले लो सर्द हवाओं का जरा आनंदन
ठंड मौसम का हो हर बार अभिनंदन

जहां ने बचाये रखी सर्द मौसम की संस्कृति
बदलती रहती ठंड पवनें अपनी आकृति
सर्दी देख कोसने की है हमारी विकृति
इन सर्दिले मौसमों से बची है हमारी प्रकृति

उठो नोजवानों

उठो नोजवनों,वीरता है पुकारती
नजरों में हैं, आन–बान देश की

हर पल कर रहा यहाँ प्रहार
करनी ही होगी अब तेजधार
मातृभूमि पर जो आंख दिखाये
राणा–चौहान की निकालो वो तलवार

हम ना डरने वाले बन्दूकों से
ना ही डरेंगे बम–मिसाइलों से
नेस्तनाबूद कर देंगे ना–पाक इरादों को
बना है जिश्म वतन ए–सरफ़रोशी से

छुपकर वे वार करते हैं
कायर होकर भी अकड़ते हैं
करते हैं डटकर मुकाबला इनके
होते हैं शहीद वीर जवान देश के

फायदा ना होता वार्तालाप से
देश है परेशान आतंकवाद से
अब रण–बांकुरों को जगाना ही होगा
सर जमीं से दुश्मनों को उखाड़ना ही होगा

उठो नोजवानो, वीरता है पुकारती
नजरों में हैं, आन–बान देश की

आत्म-निर्भर भारत

समूचित राष्ट्र जगा है आज
हर गलियारों में गूंजे एक ही आवाज
तन–मन–धन से हो भाव स्वदेशी का
लक्षित हो आत्मनिर्भर भारत बनने का

छोड़ देंगे अब बैशाखियों का सहारा
बहुत हो चुका है पड़ोसियों का चौबारा
हुनर का लोहा मनवा के लेंगे हम
जरूरतमंद को मिले हर एक काम

उनके हर एक सामानों पर हम निर्भर
खून–पसीने का पैसा भेजने को हम मजबूर
करता रहा पड़ोसी अपने राष्ट्र को मजबूत
हम सजाते रहे भ्रष्ट नेताओं के पोलिंग बूथ

राष्ट्र निर्माण में हम सब अग्रसर
मिले सबको योग्यता दिखाने का अवसर
विश्वकर्मा है जहाँ साक्षात विराजमान
आत्म निर्भर से मिले कामगारों में ऊर्जावान

खाकी वर्दी

बेशक मैं भी एक पुलिसकर्मी
सुरक्षा कंधों पे मेरे समाज की
हर वक़्त ड्यूटी पर तैनात
बदन पे पहनी है खाकी वर्दी

चमचमाती खाकी वर्दी मेरी
सितारे लगे हैं कंधे पे मेरे
जब बोलो तब हाजिर हो जाता हूँ
आदि रात हो या दिन दोपहरी में

कड़कती धूप में ट्रैफिक कंट्रोल करता हूँ साहब
जाड़े में ठिठुरकर ड्यूटी करता हूँ साहब
हर अपराध की धड़पकड़ करता हूँ साहब
हर वक़्त चौकन्ना मुस्तेद रहता हूँ साहब

साहब मेरी भी सुन लो जरा विनती
करते हैं मेरे भी घर-परिवार इंतजार
बस कुछ दिन की छुटटी दे दो साहब
जाना है मुझे भी अपनों से मिलने

बेशक मैं भी एक पुलिस कर्मी
सुरक्षा कंधों पे मेरे समाज की

दहेज उत्पीड़न

हे बेटो मत कर दहेज उत्पीड़न
होती बहुओं को बहुत ही पीड़न
मत ठुकराओ घर की लक्ष्मी को
ख़ुशी-ख़ुशी जो बाबुल छोड़ आये

कब तक लालच का मोह
करते हो बहुओं का बिहोह
बेटी के बाबुल बहुत है दानवीर
चलेगा कितने दिन तेरा घर-संसार

झेलेगी कब तक बहु शोषण
बहुओं को दो सही से पोषण
कालकवस से सजी-धज्जी दहेज
कर लो बेटों इसका परहेज

मिला है जो भी बेटो ससुराल से
घर की मान-मर्यादा है बहुओं से
छोड़ दो आज ही दहेज परित्याग
बहुओं से चमकेगा तेरा घर का भाग

स्वच्छ भारत का है अभियान

स्वच्छ भारत का अभियान
ना कर अपने में अभिमान
बढ़ेगा हम सबका मान
तभी मिलेगा देश में सम्मान
घर जैसे बहार भी चमकाओ
ऐसा अब हर कोई समझ जाओ
होगा ना गंदगी का अब नामोनिशान
हर गांव-शहर को चमकाना होगा
कब तक गन्दा करेंगे ये धरातल
हमको करना होगा सफाई इसी पल
चलो तो तुम सब सड़कों में
हर घर से निकलो झाड़ू लेकर
चमकाओ हर गल्ली-मोहल्ला
यूँ ना फेंको सड़कों में कूड़ा खुल्ला
करो तुम सब सफाई ऐसा
गंदगी करने वाले सोचें कहीं बार
जब देख सफाई धरातल पर
यूँ हो जायेगा शर्मिंदा
करेगा ना फिर कभी गंदा
जागेगा अंदर अंदर स्वाभिमान
होगा सफल स्वच्छ अभियान
सब करें मिलकर गंदगी का दान
हर जगह रखो कूड़ादान
आयेंगे देश में नये-नये मेहमान
विश्व में होगी हम सबकी पहचान
यही देश का असली सम्मान
स्वच्छ भारत का है अभियान
ना कर अपने में अभिमान

Interview Partner

www.indibooks.in

Supported by

www.thesahitya.in

www.ingramcontent.com/pod-product-compliance
Lightning Source LLC
LaVergne TN
LVHW041317200726
843509LV00009B/520